金苹果
GOLDEN APPLE

棒棰岛·「金苹果」文艺丛书

刘东

LIU DONG

滕贞甫 主编

大连出版社
DALIAN PUBLISHING HOUSE

© 滕贞甫 2015

图书在版编目（CIP）数据

刘东 / 滕贞甫主编. —大连：大连出版社，2015.12（2024.8 重印）
（棒棰岛·"金苹果"文艺丛书）
ISBN 978-7-5505-1004-3

Ⅰ.①刘… Ⅱ.①滕… Ⅲ.①刘东—生平事迹
Ⅳ.① K825.6

中国版本图书馆 CIP 数据核字 (2015) 第 305396 号

策划编辑：张　波
责任编辑：金　琦
装帧设计：蓝瑟传媒（大连）有限公司
责任校对：彭艳萍
责任印制：刘正兴

出版发行者：大连出版社
　　　地　址：大连市西岗区东北路 161 号
　　　邮　编：116016
　　　电　话：0411-83620573/83620245
　　　传　真：0411-83610391
　　　网　址：http://www.dlmpm.com
　　　邮　箱：dlcbs@dlmpm.com
印　刷　者：三河市双升印务有限公司

幅面尺寸：170mm×230mm
印　　张：10
字　　数：116 千字
出版时间：2015 年 12 月第 1 版
印刷时间：2024 年 8 月第 2 次印刷
书　　号：ISBN 978-7-5505-1004-3
定　　价：68.00 元

版权所有　侵权必究
如有印装质量问题，请与印厂联系调换。电话：15100673332

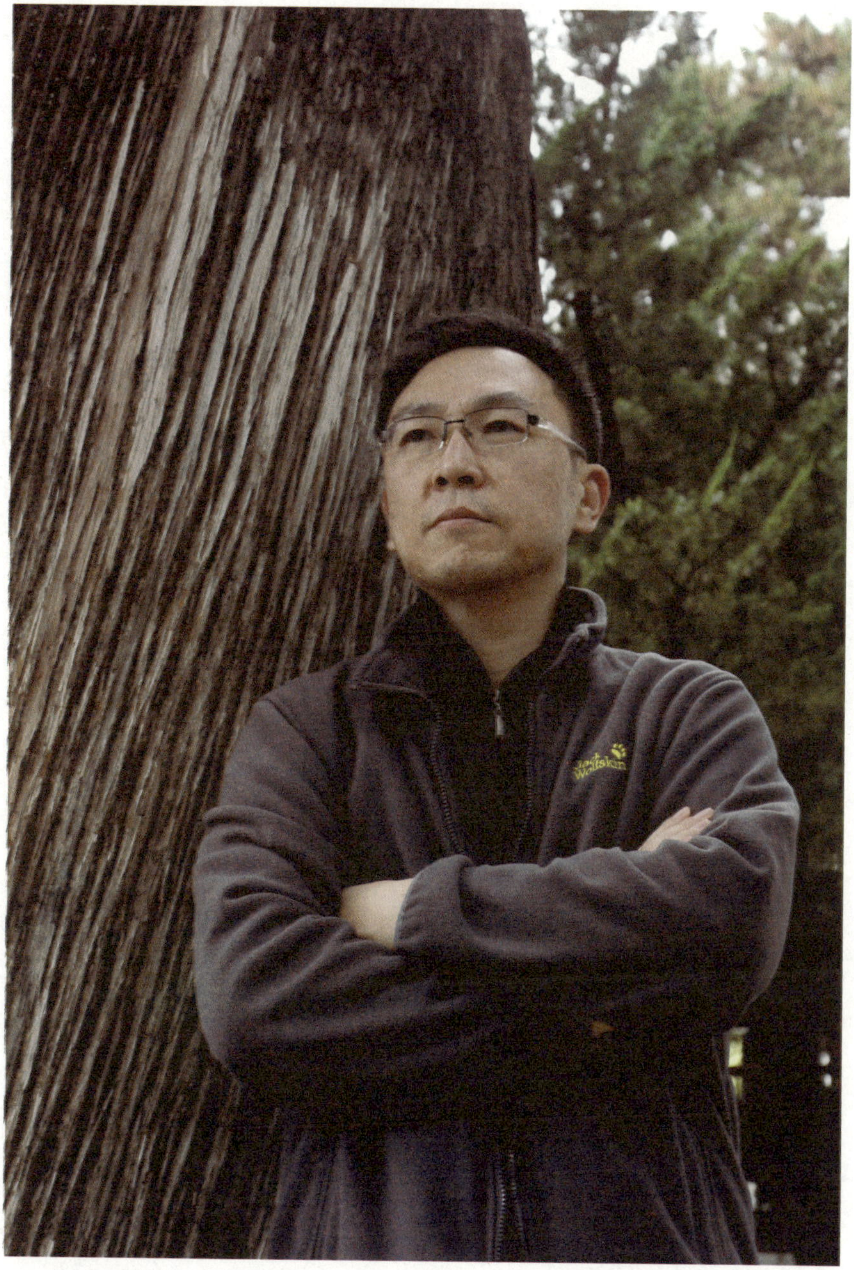

刘 东

　　1968年2月生于大连，著名儿童文学作家，已发表各种体裁作品四百余万字。著有长篇小说《镜宫》等十部、小说集《轰然作响的记忆》等六部、长篇童话《称心如意秤》等两部。担任多部大型动画片及影视剧的编剧。作品曾获得第六届全国优秀儿童文学奖等数十项国家及省市级奖励，多次被收录于各种重要文集中，并被翻译介绍到日本等国。中国作家协会会员，一级作家，大连市享受政府特殊津贴的专家，辽宁省签约作家。大连市作家协会主席，辽宁省最佳写书人、大连市高端人才。

目录 Contents

● 苦乐人生 ·········001

午后青春 ·········· 002
往事，从记忆之外说起 ·········· 002
我的"小黑"是个悲剧 ·········· 006
"干部生涯"和一场群架 ·········· 009
意义非凡的暑假 ·········· 016
《海燕》最年轻的小说作者 ·········· 023
人生的两出悲剧 ·········· 027
倚笔而立 ·········· 032
关于"运气" ·········· 038
转过一个山角 ·········· 042
记忆中的两根"刺" ·········· 050
关于"轰然作响的记忆" ·········· 058
看不见太阳的早晨 ·········· 065
"坐享其成" ·········· 072
傻人傻福 ·········· 080

● **慧眼识珠** 085

刘东的儿童文学创作
　　——对成长的想象和发掘 086

沉重的飞翔
　　——评刘东的系列采访小说《轰然作响的记忆》... 091

成长的自审与文化品格的塑造
　　——论刘东的儿童文学创作 098

成长的故事与青春的隐秘
　　——论刘东的儿童文学创作 107

我家有位作家刘东 117

● **春华秋实** 121

儿童文学中的人性表达 122
作品展示 126
艺术年表 145

苦乐人生

走出颁奖大厅,午后的阳光热烈而醇厚。不知为什么,我的脑海里突然跳出了一个陌生的组合词:午后青春。古人言:人过四十天过午。可我总觉得,对于四十七岁的我而言,前面还会有一段更美好的青春岁月在等着我。我会努力前行,去拥抱那段注定会更加精彩的午后青春。

午后青春

往事，从记忆之外说起

因为喜获"金苹果"奖，意外地获得了一个回忆人生的机会。一般情况下，这种回忆都发生在你已有资格对自己的人生进行全面总结的时刻。对我而言，显然资历尚浅，人生还有太多的未知。好在，这种回忆据说主要是为了给关注和热爱文学艺术的人们，特别是那些年轻的人们，做一个参考和借鉴，有些励志的性质。既然如此，就欣然领命了。

泡上一杯淡茶，开始回忆。四十七年的人生过往，说长不算长，说短也不算短。从何说起呢？还是从最遥远处一段记忆之外的往事说起吧。

1971年春节，在辽宁海城的一个村子里，几十位村民把一间农舍塞得满满当当。屋子里容不下这么多人，一些人就站在门外面窗前头，袖着手踮着脚抻着脖子往屋里看，看不见的，就竖起耳朵仔细地听。

屋子里的大炕上，站着一个三岁大小的小男孩。小男孩身上套着一件大人穿的棉坎肩，神气十足地连说唱带比画，表演的正是当年最火的革命样板戏《智取威虎山》里杨子荣"打虎上山"的一段唱。小男孩唱罢，掌声四起，甚至还有人大声叫好，要求再来一段。不想小男孩竟然架子不小，死活不给面子，甩了棉坎肩，就要下炕。男孩的爷爷赶紧抱起他，本应该抱到院子里，可男孩的爷爷怕外面冷，冻坏了宝贝孙子，从灶台上拽过一个小盆，放到地上。小男孩也是憋得久了，对着小盆撒了好长的一泡尿。

两岁时的我，已显示出作家的深刻与严肃

围观的人们意犹未尽，议论纷纷。有人说："你看人家这孩子怎么长的，白白胖胖，虎头虎脑，简直跟个小洋人儿似的！"

还有人说："这孩子，简直就是个神童啊。将来准得有大出息！"

那个被村民们惊为"神童"的男孩就是我。当然，这件事和这番场景，都是后来由家里的一干大人们讲述给我的，而在我自己的记忆中，查无存档。第一个跟我说起这件往事的人，应该是我的母亲，我不记得具体是什么时候了，只记得当时自己的反应很淡然，只是有些好奇地反问了一句："真的吗？"

后来长大一些了，又从家里的亲戚朋友嘴里听过类似的说法，似乎那段表演唱是我那个时候的"保留节目"，不只在海城

据说拍这张照片的时候，我还会表演"打虎上山"

表演过，还在其他地点和其他时间"演出"过。不过，后来我却对这些说法产生了怀疑，因为有一次我在无意当中，在电视里看到了由童祥苓主演的样板戏电影《智取威虎山》。其中"打虎上山"一段戏，不但唱词又急又长，而且唱念做打、高踢腿、旋风脚，样样齐全。一个三岁大的小屁孩怎么可能表演得了呢？再有人提起此事的时候，我就用这话反驳他们。不想，长辈们告诉我说，当时我的确无法完成那些高难度的武生动作，因为我根本都没看过那部电影，甚至也没有大人专门教过我，我只是跟着收音机听得次数多了，模仿唱词唱腔。至于动作嘛，也只是撩撩衣襟，一只手掐掐腰，另一只手比画比画，做做样子。不过，当时我虽然咿咿呀呀，人小气短，但的确能够把大段的唱词唱腔模仿下来，而且绝不荒腔走板，不会丢词忘词，令许多大人自愧不如。

我依然将信将疑。即使真如大人们所说，那也称得上"神奇"了。当时我还没上过幼儿园，也没背过什么古诗词，别说识字了，连拼音都没学过一个，根本不可能了解和理解唱词的内容和意义，完全靠记忆，死记硬背，就能模仿那样大段的唱词还有那曲里拐弯哼哼呀呀的唱腔，实在令人难以想象，更令我自己无法想象。

直到一年多以前，我已经四十六岁了，才逐渐相信了这件情的真实性。大伯家的堂兄到大连来办理退休手续（他一直在大连工作，后来才回了老家海城），我开车陪着他跑了跑程序。哥儿俩闲聊的时候，他又提起了这段往事。他比我大十四岁，当时已经是个成年人了。当我依例表示怀疑的时候，他就笑了，说："这有什么可怀疑的？虽然没有录音录像，但是村子里好多人都看见了，轰动得很呢。前几年我回村子里一趟，还有人提起这件事呢！"

我没有再说什么。从三岁之后，我再没有回过海城。既然几十年之后依然还有人提起这事，我也只能相信，它的确发生过，而且令人印象深刻。但在我现在看来，其实那个"传说"到了如今，也只能说明两件事，其一，我的记忆能力不错；其二，我五音俱全，唱歌唱戏还算好听。对这两件事，我尚能认领，而对当年人们有关"将来有大出息"的预测，我则深感惭愧。

如今，穿越剧流行。我想，如果有一天我可以回到从前的海城，亲眼看看那个演唱"打虎上山"的小男孩，该有多好。现在的孩子们，从小的一举一动都可以有视频、照片做记录，貌似很幸福，可以在成年之后，随时回放自己的童年，但在我看来，他们也失去了人生很有意味的一些东西，比如，失去了想象的空间。因为视频和照片都太写实了，太不容置疑了，既没有了记忆的纵深，也没有了岁月的侵蚀。所有的往事都如同发生在一分钟之前，而一分钟之前的事情无需任何想象。

我一直有个心愿，想写一篇小说，叫作《我想抱抱小时候的我》。时空的穿越现在还只是幻想，但我的这个愿望却一定会实现。因为如今的我，是一名作家，人生最大的偏得，是手里多了一支笔，一支可以穿越时空描绘人心的笔。

我的"小黑"是个悲剧

我不知道每个人都是从多大开始拥有记忆的。我的记忆基本上是从四岁以后，才拥有了一些虽然不够完整但已足够清晰的存档。

1974年的全家福

我有一个弟弟，比我小四岁。在弟弟出生不久，我们便跟着母亲走"五七道路"，下乡到了庄河横道河子大队横道河子小队。那个地方当时号称是庄河乃至于整个大连最穷困的地方之一，山多石头多，土层很薄，大部分土地只适合种植玉米，而且产量有限。据说当时的一个工分只值八分钱。我相信，那段岁月对于拖着两个年幼的孩子离乡背井寄居在村民家中的母亲，和为了保留妻儿返城的希望而独自留守在大连的父亲来说，都是苦不堪言、不堪回首的。而对于年幼无知的我来说，则是乐趣大于苦难。

对于那段生活，我只保有一些记忆片段。比如说，村边有一条小河，在一个河湾处，有一棵倾斜的柳树，整个树冠都倒向小河，为河面撑起一大片阴凉。我时常会在阳光最炽热的午后，一个人跑到那里，在水里找一块平整的石头，把头枕在上面，伸开四肢躺在河水里，把身体交给河水，让自己变成一棵小小的水草，随着缓缓流动的河水轻轻舞动。有时候，我会闭上眼睛，什么也不想，只是细细地感觉河水对身体的抚摸和摆动；有时候，我会睁开眼睛，透过晃动的枝叶，看着天空，任自己的小脑袋天马行空，胡思乱想。那种感觉是我至今也无法用语言进行描述的。而几年以后，在语文课堂上，当老师让我们"放飞思想"的时候，班里的同学们大都如坠迷雾，听不懂老师在说些什么。只有我心领神会，因为我马上就想到了，躺在小河里的情景和感受。

　　让我记忆深刻的，还有一只叫"小黑"的母鸡。当时妈妈养了两只小鸡，一只是黑色的，一只是花的。说不清楚为什么，我就是喜欢那只小黑鸡，而且只喜欢小黑鸡，不喜欢那只花鸡。我捉回来的蚂蚱、小鱼、青蛙什么的，从来只喂给小黑吃，小花鸡往前一凑，就会被我无情地赶开，惹得小黑一见到我，就跟在我的屁股后面咕咕地叫，而小花鸡只敢远远地看着，可怜巴巴地咕咕叫几声。但奇怪的是，小黑吃了我不少"加餐"，生蛋却少，远不及小花。

　　后来我们回城，就把两只母鸡也带了回来。因为家里没法养，就放到了姥爷姥姥家里。姥爷姥姥住在春柳河，当时那一带到处都是农田。姥爷姥姥家有一个小院子，养着五六只花母鸡。那些花母鸡个头胖大，个个都是产蛋的高手。我知道鸡们也是分团体的，不同的团体合到一起，即使全部都是母鸡，也一定是要分出"雌雄"的。小黑和小花初来乍到，个头又小，势单力薄，所以我曾经很担心它们受欺负。可没想到，接下来的情形出乎所有人的意料，个头瘦小的小黑仅靠"一鸡"之力，就降服了所有的胖大母鸡。不久之后，我去姥姥家里，亲眼看见，喂食的时候，是小黑自己大摇大摆地独自享用，其他母鸡只有躲在远处看着的份儿。小黑吃完了，让小花吃。等小花吃完了，那些胖大的花母鸡们才敢凑到食槽前。即便如此，只要小黑一不高兴，冲过去，所有的花母鸡们就会吓得四散逃开。我看在眼里，心里暗暗偷乐，觉得小黑真是个厉害角色。

可没想到，厉害的小黑很快就厄运临头了。姥爷要过生日了，我听见爸爸妈妈说，他们准备把小黑杀掉，做生日菜。我反对无果。去给姥爷过生日那天，我假装肚子疼，死活不肯去。爸

这是20世纪90年代，在白云雁水拍的全家福

爸妈妈没有办法，只好把我一个人留在了家里。傍晚，他们回来了，还给我带了一些菜。我说肚子还疼，连看都没有看，因为我害怕，会在那只铝制的饭盒里，看见小黑的一只腿或者是一只翅膀。

接连好几天，我都高兴不起来。爸爸妈妈真以为我病了。他们大概想不到，刚刚六岁的我会为一只小鸡的死而纠结，或者内疚。我在心里一遍一遍地想，小黑是不是被我害死的？如果不是我那样偏心，那样宠着它，也许它就不会那么厉害那么霸道，也不会因此而丢掉性命了。

长大以后，我再回想起这件事，会觉得自己小时候的确有些奇怪，因为我好像没发现身边周围那些五六岁大的孩子，有谁会为这种事情担忧纠结，甚至内疚自责。再后来，等我的年岁再长一些，我的看法又有了改变。也许，有那样心绪心结的孩子很多，只不过是被大人们无视了而已。作为一个为孩子写作的作家，我的使命之一，就是把那些本不该被大人们无视的、藏在孩子们内心深处的东西，写出来。

"干部生涯"和一场群架

回城之后，我先在家门口上了一年"抗大班"，然后入了青泥小学，成了一名小学生。

上小学期间，有两件事让我记忆深刻。

第一件，是有关我的"干部生涯"。我从一年级开始当班干

这是上小学时与同学的一张合影。右边的是我

部，先后当过学习委员、班长、中队长。不过说起我的"从政经历"，简直也是三起三落。我从三年级开始当班长，在其后短短的两年时间里，竟然被先后撤换了两次！被撤职的原因大体一样，因为我调皮捣蛋，不守纪律，不能以身作则；官复原职的理由也差不多，因为接替我的同学好像无法管好班级。

其中一次被撤职的情形，我记得很清楚。那时候，老师们经常要参加各种政治学习，所以下午会不定期地安排一两节自习课。老师不在，自习课的纪律当然得交给我这个班长来监督。结果那天下午，全班同学都老老实实地坐在座位上，只有我和一个男生在教室最后排打闹。正闹得欢，班主任突然出现在教室门口。因为意想不到，直到老师走到我们面前，我掐着那个男生脖子的手都没来得及松开。

班主任被气坏了，命令我收拾好书包交给她。我意识到情况不妙，但又不敢不从。果然，她接过我的书包，就直接从二楼的窗户扔了出去，扔到了操场上。幸亏我事先有所觉察，把书包带系得很牢靠，这才使坠楼的书包不至于被摔得四分五裂。那是记忆中，班主任对我下手最"狠"的一次。后来小学毕业的时候，老师跟我提起这事，问我，知道那次我为什么那么生气吗？

我摇摇头，心里却想：谁知道你那天在外面遇到什么不顺心的事，拿我撒气！

老师说，你身为班长，不但没有管好班级的纪律，还带头打闹，这本身就够我气了。可你知道更让我生气的是什么吗？是你打闹的地方太危险！

直到这时候，我才真正了解班主任的气打从哪里来。当时班级后墙上钉着一排钉子，用来挂大家装水杯的袋子，官称谓之"牙缸袋"。那些钉子的高度正好在我们的脑袋那么高。此前老师就叮嘱过，不准在教室后面打闹。而那天老师开会传达的内容之一，就是有一个外校的孩子在后排打闹的时候，把眼睛撞在了钉子上，情形很惨烈，后果很严重。班主任也正是因为听说了这个事故，放心不下，才偷偷跑回教室查看，结果就看见了她委以重任的班长在钉子上弄险。咳，也说不清我是倒霉还是走运，没碰到后墙的钉子上，却撞到了一颗更大的"钉子"上。

我看见书包被扔到了楼下，赶紧跑出去捡回来，生怕弄丢了课本或者是文具，回家再挨家长的一顿责罚。等我捡起书包，满脸大汗地跑回教室里的时候，我的班长职务已经被班主任宣布解除了。"仕途"艰险啊，起落只在你上下一层楼梯的工夫。

第二件事，是上五年级时，发生的一场声势浩大的群架事件。那时候，我们不像现在的孩子，上下学有家长接，一出校门就做鸟兽散，各回各家。那时候我们上学要到集合点，整好队伍，一起去学校。放学的时候，也要整好队伍，一起去集合点，然后才可以解散回家。至于有人从家到校比到集合点更近更方便的，一律需要由家长跟老师提出申请，获得批准才可以独自上下学。也许是因为当时同学们居住得都比较集中，也许是因为那时候人们的组织纪律性都比较强，反正记忆中，还真没有几个人是独自上下学的。那场群架，就发生在一天放学的路上，参加打群架的有两个班级一共四十多个男生，还有个别女生，因为声势太大，甚至都惊动了正在街上值勤的警察大叔。

事情的起因我记得很清楚。当时我们班的放学队伍正好走到大连市场（今天的大连商场）北门附近，同年级三班的队伍走在我们后面，两支队伍首尾相接。我们班级走在最后的是一个女生，又瘦又小，因为脾气有些古怪，再加上平时个人卫生状况不佳，在班级里属于没朋友没地位，被忽视甚至被捉弄被欺负的一个。而走在她后面的，则是三班的几个调皮的大个子男生。事情最初发生的细节我没看到，但我可以肯定，那个女生脾气再古怪，也不会主动去招惹身后的几个大个子男生。等我发现有状况的时候，只看见那几个大个子男生把那个女生围在中间，像踢皮球一样推来操去。当时我处于班长一职的在任期间，走在队伍外边。我冲过去把女生拉出来，回头跟那几个男生理论，不想他们竟然很蛮横，比量着要对付我。我火了，一声吆喝，班里走在前面的男生们听见了，立刻回头，而三班的男生也很快聚拢过来。一群十一二岁、精力过剩到连狗都嫌的小子们在一起讲理，讲了没几句就讲不下去了，说不清楚是哪一方的哪个人先动了手，两个班级加在一起，有四十多个男生瞬间就撕打在一起，拳脚相向，书包乱抡，场面十分火爆。

　　混战的场面只持续了不到两分钟，这场群架就分出了胜负。三班的班长是个女生，遇到这种事情显然无法起到我这样的"模范带头"作用。别看是小孩子打架，也别看场面混乱，但事实上，就像这世界上的许多事情一样，表面上看起来一团乱糟糟，毫无头绪，其实绝对是有规律有秩序的。三班的女班长一开始试图拉架，但很快就识趣地和大多数女生一起，躲开了。打架的核心人物其实是他们班那个瘦瘦高高的体委。我瞅空摘下背在肩上的书包，紧好了书包带，正抡得兴起，我们班的体委凑过来，很用力地拽了我一把，朝着对方的体委指了指。我立刻明白了他的意思，跟着他冲过去，两个人左右夹击，只几下子，就把那个体委打得招架不住，转身就躲。我们俩跟过去穷追猛打，那家伙又抵抗了几下，无奈双拳难敌四手，想招呼帮手，帮手们都在各自为战，无人理睬，他只能落荒而逃。这一下，对方顿时军心涣散，斗志全无，有几个人转身跟着体委逃跑，结果整条战线瞬间崩溃。

　　眼见对方败逃，我们兴奋得嗷嗷直叫，穷追不舍。逃跑和追打的双方在人群里横冲直撞，惹得行人纷纷躲闪、抱怨甚至咒骂。我们途经的地方，都是当时大连最热闹最繁华的街道，所以很快就惊动了几个在街上值勤的警察。我记得很清楚，当时我追在一个穿黄衣服的男生身后，正追得起劲，迎面过来一个警察，张开双手想拦住我，结果被我从他的腋下一钻而过。

　　对方一开始还是几个人一伙一起跑，后来就彻底做鸟兽散，各自玩命地往自己的家里逃。而我们也就各自盯住一个目标，分头去追。我们也是被胜利冲昏了头脑，追得太忘形，有几个人都把人家撵进楼门洞了，还不依不饶，结果就忘了一件事，那时候的孩子，大都不是独生子，家里常常有哥哥姐姐。我们在人家楼门前大呼小叫，拍墙踹门。真把人家叫出来了，才发现人家身后还跟着一个满脸杀气的大哥或者大姐，只得调整角色落荒而逃。

晚上吃晚饭的时候，母亲突然问我："脸怎么了？"

我莫名其妙，跑到镜子前一看，脸上破了一个小口子，还流了一点儿血，已经结了血痂。回想一下，应该是傍晚打架的时候挂的彩，竟然一直不觉得疼。

母亲还想追问，被父亲拦住了。我觉得父亲已经猜到，那是打架挂的彩。对这种事情，父亲曾经明确对我们兄弟俩表过态：不准欺负别人，但也绝不能让别人欺负。跟别人有了矛盾起了摩擦，自己想办法解决。除非对方有家长介入，或者年龄比我们大很多，以大欺小，否则就算我们被人欺负了，他也不会管。所以，小时候我在外面打架，无论是吃亏还是占便宜，都不会跟父亲说，更不指望着他能出面帮我。

直到这时候，我才觉得脸上的伤口火燎燎地疼，也才开始想到这件事的后果。父亲不会过问，但想瞒住老师恐怕很难，毕竟这一架，全班几乎所有的男生都参与了，全班所有的女生都旁观了，傻子才指望老师会不知道呢。既然如此，与其等着老师问到头上，还不如自己主动汇报。想明白了这一点，我的心倒安定下来了。可能是打架的时候太卖力气，那一晚我竟然睡得又香又甜，做的两个梦中自己也都威风八面，孔武有力，如同天神一般。

第二天一到校，我就把打架的事情跟班主任说了。班主任受惊不小，赶紧跟三班的班主任通了气。那天早晨，两个班的班主任都像门神似的站在教室门口，每进来一个男生，就捉住了上上下下打量一番、检查一番，然后才放进教室，直到全班同学都进了教室，这才敢松口气。可笑的是，三班那个带头打架的体委，在被老师问到头上的情况下，竟然还一口否认，想蒙混过关。

用班主任老师的话说，我们这些臭小子们运气不错，一场有几十号人参与场面火爆的群架，竟然只有不到十个人受了点儿小伤，挂了点儿小彩。既然没有造成严重的后果，两个班主任一商量，很快就拿出了处理方案。当天下午，先由三班的班长带着包括体委在内的几个男生，到我们班认错道歉，然后由我带着几个参与打架的男生去三班道歉。我一脸不服气。班主任看出来了，说，怎么回事？觉得自己挺有理呗？

我说，是他们先欺负人，还是男生欺负女生，我们凭什么道歉？

班主任说，你是班长，班长带头打架，你还挺有道理，是不是？他们欺负人？你们平时还少欺负人了？

我有些心虚，不过嘴还硬，说，那是两回事！

班主任一拧眉毛，说，两回事？你的意思是说，班里的同学，你欺负就行，别班的人欺负就不行呗？

我不服气，觉得班主任说的分明是歪理，可一时也说不清到底是怎么歪的，再看看班主任阴沉的脸，只好把不服气都吞进肚子里，不敢再说什么了。我那时候虽然调皮，但还算是识时务。

小学毕业，我以全校第二名的成绩考上了大连第二十四中学。那时候初中也分重点和非重点，二十四中还有初中部，而且是全区统招。青泥小学有三百多名毕业生，只有五个人考上了二十四中，录取比例超过六十分之一。

毕业考试之后，班主任老师邀请了几个同学到她家里做客，其中有我一个。老师说，你们几个是班级里我最喜欢的学生。

别人都一脸自豪，只有我有点儿小意外。班主任看我一眼，说，你是不是觉得，我对你太厉害了，而且，有时候不太讲理？

我突然聪明了一下，眨巴了一下眼睛，没吭声。

老师说，我不跟你讲理，是因为你这个小孩太聪明，有时候就聪明得让人烦。要是真跟你讲理，万一没讲过你，让你觉得自己占了理，那还了得？而且，有些道理，现在跟你讲也讲不通，得等你长大以后才能明白。

老师的这番话，让我在心里嘀咕了好一会儿。现在回头再看，我其实真的很走运，念了十几年书，遇到的都是些好老师。

意义非凡的暑假

我在声名赫赫的二十四中度过了初中和高中。在回想和书写这段经历的时候，正好看了一部美国影片《壁花少年》，颇有感慨。《壁花少年》的主人公在高中时代所经历的，是一段充满了风险、挑战和迷茫的人生。相形之下，我在二十四中所度过的时光，虽然也不可避免地充满了青春的躁动和迷茫，但那些躁动和迷茫却像被一只无形的大手强行摁在了水底。当你回头望去，目光所及，你能看到的似乎只有平静的安静的，甚至是波澜不惊无声无息的水面。《壁花少年》所展现的，是一个少年精神的蜕变与成长，而我的中学时代，似乎只有一个主题：功课；

这是我上高中时拍的照片

只有一个目标：高考。知识的学习与积累成了不可动摇的主题，而成长却成了一个无关紧要可以任其自生自发的附属物和衍生品。所以，尽管中学时代离现在的我要更近一些，记忆也应该更清晰，但回头望去，却似乎不及小学时代那样生动鲜活，充满了生命力。打开记忆的大门，扑面而来的，好像只有瀑布一般倾泻而下的考卷。

我是带着自豪和自信迈进二十四中的，但迎接我的，却是当头一棒。开学第一天的第一节课，除了班主任老师，我们甚至连其他任何一位课任老师的面还不曾见到，就迎面遭遇了一张试卷：新生摸底考试。成绩公布之后，我几乎不敢相信自己的眼睛和耳朵。全班四十个人，我竟然考了个二十五名！而在整个小学时代，凡是有排名的考试，我从来没有跌出过前三名。对我而言，考第一名是正常发挥，考第二名属于情理之中，考第三名就有点儿引人侧目、令人担忧了。而这一次，我竟然考了个二十五名！

我花费了一个学期的时间，终于适应了自己在这个新学校新班级里的新位置。整个中学时代，尽管我自认为已经很努力了，但十名左右的排名似乎已经是我的专属位置了。最好的名次是初升高的中考，我考了全班第五名。当时二十四中高中部为本校初中生所划定的录取分数线是550分，我考了609分。

中考之后的那个暑假，发生了一件对我的人生意义非凡的事情：我创作了平生的第一篇小说。

尽管以不错的成绩如愿留在了二十四中，但是中考之后的那个暑假却过得有些无聊。因为我们家搬进了新家，那个新建的小区离几个要好的同学家都比较远，再加上那个夏天似乎格外炎热，所以整个假期中的大部分时间，我都只能待在家里。于是，我用那个无处可去的假期做了三件事：读书，写小说，学习做饭。

先说第一件事：读书。当然，这里所说的读书是指读课外书。我从小就喜欢读书，这跟我们家里的氛围有关系。父亲是大学老师，每天晚上需要备课。母亲是工程师，虽然不必像父亲那样每天都要坐在书桌前，但翻图纸画图纸整理数据也是经常要做的事情。有时候，两个人都需要工作，就只能有一个人占用书桌，另一个人则要坐在小凳子上，以床当桌。所以，我们家晚饭后到睡觉前的这段时间，一般都是很安静的，不会有嘻嘻哈哈的闲聊，更不会有玩牌、喝酒那样的喧哗。我的作业一般都在学校就写完了，这时候，就喜欢捧着一本书，倚墙坐在一只小凳子上，或者是早早地爬到双层床上面自己的床上，静悄悄地读。不过，这种读书是我的一种自发行为或者说是一种天性，父母并没有刻意地引导，更没有具体地辅导过我的阅读，甚至连过问的时候都很少，他们只是为我的这种天性提供了一个适宜的环境。

但那时候可以读到的课外书比较少，家长也不可能花钱给你买什么课外书。我读的书主要靠借，跟同学借老师借，亲戚朋友借，不挑不拣，借到什么读什么。我十一岁时，读到了一套残缺的《红楼梦》，里面有许多不认识的字，就翻字典词典。但有些字很奇怪，明明是个字，可字典词典里都查不到。

有一次，我读到第十二回，"王熙凤毒设相思局 贾天祥正照风月鉴"，遇到了一个奇怪的字"肏"。我查了手边所有字典词典，都查无此字。于是，我就去找父亲，指着这个字问他。不想，他立马黑了脸，呵斥了我一声，又觉得不妥，就放缓了语气，说，这个字，我现在说了你也不懂，你也不要去问别人，等你长大自然就懂了。

父亲的态度和回答让我一度很好奇，但我还是忍住了，没去问别人。不过很快，我对这个字的好奇劲就过去了。再过一段时间，连这件事情都忘在脑后了。事过十多年之后，我有机会重读《红楼梦》，看到相关章节，这才想起这件事，不觉暗自好笑。

我喜欢读书，但最喜欢的事情还是玩。当这两件事碰在一起的时候，我会毫不犹豫地放弃读书。小学时候所谓的玩，就是满街疯跑，推铁圈、捉迷藏、抓特务，玩什么不是主要的，主要的是能宣泄那些过剩的精力。中学以后的玩，就是跟同学聊聊天，偶尔去逛逛书店，打打球，主要的目的已经不是宣泄精力了，因为也实在没有那么多剩余的精力了，只是为了调节一下紧张而乏味的学习生活。到这时候，读书的地位似乎慢慢前移了，提高了，成了空余时间的首选。

那个暑假我读了许多书。绝大部分书都是父亲从他任教的大学的图书馆里借来的。我看书的速度非常快，一部几十万字的长篇小说，往往一天一夜的工夫就看完了，所以父亲借书还书的频率也很高。父亲有些怀疑，怀疑我并没有好好地读那些书，我也不解释，因为我知道，父亲迟早会找个机会验证一下他的怀疑。这是学理工科又教理工科的人的一个习惯，甚至是嗜好。

果然，一次，我让父亲还书再借的时候，父亲随手从要还的书里抽出一本，我记得很清楚，是老舍的《骆驼祥子》。父亲张嘴想说什么，我抢先说，你问吧。父亲有点儿意外，你知道我要干什么？我说，你想看看，我是不是真的都读过了。父亲忍不住笑了，但还是打开书，随机问起来。我对答如流，而且中间还会穿插一些自己的看法和理解。父亲不禁频频点头。

那次之后，父亲再没有追问过我是否认真读了，而是想办法又办了一张借阅证，这样每次可以借六本书回来。那个暑假，我以为是自己这辈子读书最多的一段时间了，那时候我还想不到，三年之后，我将拥有一段更漫长的读书时光。不过，那段时光太过漫长了，漫长到让我看不到尽头在哪里。

第二件事，是写了一篇小说。其实，自己动笔写一篇小说的念头由来已久，并非是在那个漫长而空闲的暑假临时生发出来的。早在上初中之前的那个暑假，我就尝试着写点儿作文作业之外的文字。我写了一篇两百字左右的谜语故事，发表在大名鼎鼎的《故事会》上（可惜，年头太久了，我已找不到样刊了），得到了八元钱的稿费。要知道，当时身为大学教师的父亲一个月才挣五十六元钱。八元钱对我来说，简直就是一笔巨款！父母亲特别恩准，我可以全权支配那笔钱。那八元钱是怎么花的，我已经记不起了。唯一遗憾的是，文章发表的时候，我刚刚上初中，原来小学的同学不常见面了，而新同学又不是很熟悉，所以如此值得夸耀的一件事情却没有机会好好地"展样"一下。

我从小就是个自信心比较强的小孩，很少觉得有什么事什么人是高不可攀的，书读得多了以后，就觉得自己也可以写点儿什么，只是平时忙于学业，忙于玩，没有机会真正动笔。中考之后的那个暑假，给了我一个难得的机会。而那个暑假里读的那些书，也像是一些养料，刺激和滋养了那个一直埋在心里的念头。

我记得，我是在暑假开始之后的十几天动笔的，前前后后一共写了十几天，写成了一个两万多字的小说。之后，我又修改了一下，最后用每页三百四十字的稿纸抄出来。

决定投给谁的时候，我小小地踌躇了一下。当时我读过的文学月刊不少。最后我还是决定投给大连本市的《海燕》杂志社。倒不是因为觉得在《海燕》上发表更容易，当时《海燕》正处于黄金期，发行量很大，影响力也很大，就算对成年的成名的作家作者们来说，发稿也并非易事。我决定投给《海燕》是觉得，即使没有发表的可能，至少我可以借此机会结识一两位编辑，可以就小说的创作跟他们交流，向他们请教。高中开学的前三天，我把小说寄了出去。

那个暑假我做的第三件事，是学习做饭。在那个年代，男生学习做饭还算是一件挺奇怪的事情。不过，我做这件事倒没觉得有什么奇怪的。因为父亲在高校工作，不坐班，母亲在工厂工作，单位离家又比较远，每天下班挤公交车回到家里，经常得到晚上六点甚至更晚，所以，我们家父亲做饭的时候并不少见。而那个暑假，母亲设计的生产线要大修，父亲学校里有科研任务，两个人都很忙，晚上回来得都很晚，我和弟弟两个人闲待在家里，每天等着一身疲惫的父母亲回家给我们做饭。这样过了两天，我就决定自己学着做饭，为父母亲分担一点儿负担。

做饭这件事，对有些人来说很难，对有些人来说很容易。而我显然属于后者。我学习做饭的出发点是为了减轻一点儿父母的负担，但真正开始学习做饭之后，我发现其实这是一件挺有乐趣的事情。在把米饭烧煳了一次、把菜炒咸了两次之后，我就开始体会到了这种乐趣。

回想起来，那个暑假对我意义重大。在暑假里所做的三件事，几乎都对我后来的人生产生了很大的影响。读书和写小说，在当时只是一种爱好，但是没想到，在后来的人生历程中，竟然成了我的职业、我的事业。而做饭这件事，不但让我体验到了一种生活乐趣，还让我明白了一个人生道理，那就是，最好吃的饭其实是自己做的，别人做的饭，即使再美味，也吃不出自己的味道。

《海燕》最年轻的小说作者

高一开学，生活重回轨道，每天上学放学，两点一线。

有一天晚上回到家里，父亲告诉我说，白天有人给他打电话，自称是《海燕》杂志社的编辑，他说他看了我写的一篇小说，想见见我，并且希望父亲能陪着我一起去一趟编辑部。我愣了一下神。父亲问我，你给他们投稿了？我点点头。父亲有点儿意外，你什么时候写的？我说，暑假呀。在家里闲着没事。母亲很兴奋，说，是不是准备给你发表了？父亲却疑问，为什么让家长陪着呢？你又不是小孩子了。我也猜不透这位编辑的用意。我之所以留了父亲的联系方式，一是因为家里没有电话，通信也不方便；二是因为不想让学校里的老师和同学们知道这件事。

周三的下午，我跟老师请了假，跟父亲一起去了《海燕》编辑部。当时编辑部的地址在中山区的南山路8-20号。后来编辑部搬迁，这里成了大连团市委的办公地点。而我也在若干年后，成为了大连团市委系统的一名员工。有时候，缘分真是一个说不清道不明的东西，不管是跟一个人，还是一幢建筑。

编辑部办公室给我的感觉很好。很旧的油漆脱落的地板、楼梯，随处堆放的刊物、信封、纸张，空气中弥漫着淡淡的纸香，还有一种经年累月的发霉的味道。这跟我的想象很契合。

那位编辑姓王，叫王传珍，修长的身材，儒雅温和，说话不紧不慢。他主动说明了叫我父亲陪我一起来的原因和目的，是因为我的小说写得不错，文学感觉很好，他觉得应该让家长知道。

如果我愿意，未来我可以从事写作，并且以此为生。父亲只是笑笑，说，谢谢王老师，将来他想写作或者干别的什么，这还得他自己选择，您放心，我不会过分干预。

王传珍老师给我提出了小说的修改意见，认为删改成一个万把字的短篇小说，发表的机率会更大一些。我请他给我一点儿具体的修改意见。他想了想，然后说，你现在的叙述是一个纵向的结构，如果你把它切开，用一个横断面来表现，删改起来会比较容易，你要说的东西要讲的故事也依然可以说明白、讲明白。我点点头，说，我明白了。王老师却有些担心，真明白了？我说，明白了。他就笑，说，那就改改看吧，我给许多作者提修改意见的时候，他们都说听明白了，可改回来我一看，他们根本就没听明白。我不以为然，强调说，我听明白了。

从编辑部出来，父亲问，你写了个什么东西？我说，就是随便写写的。父亲就笑，说，你小子，怎么突然谦虚起来了？随便写写，就能让编辑这么重视，连我都给叫来了，生怕我这个学理工的老爸，耽误了你将来当作家。我说，真是随便写写的。父亲说，等回家给我看看。我说，等发表出来你再看吧。父亲说，这么有信心？你敢保证你改完了，人家就能满意就能给你发表了？我说，应该行，没问题。父亲就笑了，说，这才谦虚了几分钟，就露出本来面目了。

我用了一周的课余时间，把稿子改好了。拿给王老师，他很惊讶，改好了？这么快？我没吭声，心里想，很快吗？你要是知道，我每天只有一个多小时的时间用来修改稿子，说不定会认为我不认真对待呢。

几天之后，王老师给父亲打电话，告诉他说，我的稿子改得很好，不仅仅是改结构缩篇幅，稿子的整体质量也有了进一步的提升。王老师显然很高兴，以至于在电话里又提到了将来我可以选择当作家这个话题。

转过年来的4月份，我的小说处女作《世界多美丽》在《海燕》上发表了，我也借此成为当时《海燕》刊史上最年轻的小说作者。我记得很清楚，当时的《海燕》是每逢月初出版的，午休时，我在离学校不远的一个报亭上看到了自己的处女作。我买了两本杂志，一本带回家，一本送给了班主任。送给班主任不是为了炫耀，而是要给她一个解释。因为从小说被留用到刊登出来的这段时间里，我参加了几次杂志社举办的文学讲座和活动，跟班主任请假的时候，她虽然准了假，但显然有些疑惑。当时她没有追问，而我也没法解释得太多，有了这本杂志和这篇小说，就算是为那几次请假做了一个交代。

那篇小说的发表，让我第一次体验到了文学创作给人带来的喜悦和成就感。班主任看了那篇小说，把这件事汇报给了学校。一天中午，一向面色严厉的教导主任看见我，竟然露出了灿烂的笑脸，主动跟我打招呼说，小伙子，小说我看了，校长也看了，写得不错！我们两个人简单回顾了一下，在我们学校历史上，在校生发表小说的，你应该是第一个！你为学校争了光！

我的处女作在同学们当中，也引起了小小的轰动。据同学说，有不少外班的和高年级的同学特意跑到我们班的教室里，来看看我长的什么样。

因为在小说的后面有简单的作者介绍，小说发表之后的一年多时间里，我先后收到了五十多封读者来信，南至广州，北至双鸭山。其中大多数是同龄人，而同龄人中，又是女生居多。不少女生还寄来了自己的照片。

有趣的是，因为我经常收到信件，所以班上的同学养成了一个习惯，路过传达室的时候，只要看见有刘东的信件，就帮我带回来。不想高二年级竟然有个女生的名字跟我一模一样。有一次我把同学帮我收回来的信拆开一看，上面写着：刘东姐，你好。我立刻意识到，是错拆了别人的信件。有同学劝我，把信丢了得了，我觉得不好，最后还是硬着头皮去把信还给了高二的那个女生。

那篇处女作着实让我兴奋了一阵子，不过也让老师和家长有了一点儿担忧。父母亲专门跟我谈过一次，谈话的主题，就是提醒我，不要被发表的一篇小说冲昏了头脑，还是要抓紧学习，考上理想的大学，想写小说想当作家，那也得是上大学甚至大学毕业以后的事情。而班主任虽然没有专门找我谈过话，但也婉转地表达过相似的意思。其实他们有点儿多虑了。我小时候虽然很顽皮很淘气，还有些骄傲和自负，对许多事情有自己的看法和自己的主见，但总的来说，还是个比较听话的孩子，对师长们的意见还是比较尊重的。那时候，我对自己的人生已经有了比较明确的规划。写那篇小说，完全是兴之所至，偶尔为之，不会因此就轻易改变自己的想法，更不会因此就荒疏了自己在二十四中几年寒窗苦读才打下的学业基础。

在余下的高中时光，我的绝大部分精力依然投入在学业上，没有再写过一篇小说，甚至连读文学作品的时间都寥寥无几。这件事现在说起来简单，但在当时对我而言，是着实需要一点儿自制力的。后来我跟许多喜爱文学创作的朋友说起过，我说，文学创作不同于一般的兴趣爱好，也不同于一般的工作、职业，说得夸张一点儿，它有点儿像毒品，一旦接触到了，沾染上了，就会上瘾，而且很难彻底戒除；即使迫于某种原因，你暂时放弃了远离了，但一旦条件合适了允许了，你会很容易地重新把自己投入其中。这时候，它往往已经不仅仅是一种职业一种谋生手段，更会变成你的一种心理需求，一种感情寄托，一种精神追求。

人生的两出悲剧

就在我成功地抑制住自己对文学的喜爱、投入和追逐，全身心地准备高考，准备迎接自己人生的一个新的重要阶段的时候，命运却跟我开了一个大玩笑。我记得我当时已经填报了志愿，第一志愿就是北京对外经济贸易学院。那是当时非常热门的一所高校，其中一些热门专业的录取分数线完全可以与清华、北大等几所国内顶级的名校比肩。我对自己的成绩很有信心。可就在高考前夕，我突然被一场大病击倒了。当同学们进入考场的时候，我却躺在医院里，接受全面的检查，吉凶未卜；当同学们收到了大学录取通知书，准备开始人生新里程的时候，我却要面对恶疾，与之展开一场不知何时才能终了、更不知道最终谁输谁赢的生死缠斗。

罗曼·罗兰有一句名言："人生有两出最大的悲剧，一出叫作踌躇满志，一出叫作心灰意冷。"这句话简直就像是为我而说的。在此后的许多年,我都把这句话视为自己的座右铭。不知情的人可能认为年轻的我是在矫情,他们无法想象我曾经用生命去理解和体验过这句话。那一年,我从一出悲剧跌入到另一出悲剧,而且中间的过渡方式就像是一场交睫之间的自由落体:无法预测,无法选择,无法控制,只有坠落,坠落。

其后,我一共在医院里在家里休养了三年。这三年间,我的病好好坏坏,时轻时重。最绝望的时候,我甚至觉得,就算自己还可以再活上十几年二十几年,恐怕也得一直与这顽疾为伍,直到生命的终点,我才有机会彻底摆脱它。

支撑我走过那段人生沼泽的,除了父母和亲人们的爱,还有文学。医生要求我绝对卧床,躺在病床上的我,唯一能做的,就是读书。在病情平稳一些的时候,我还可以坐在书桌前,写一点儿自己想写的东西,但时间被严格控制着,一次不能坐得太久。那三年间,我读了多少本书,我没有认真统计过。我只知道,到后来,父亲用两张借书证从单位的图书馆一次借回六本书,其中往往有两本甚至三本是我看过的。到最后,文学类的书籍我几乎都看过了,就开始借一些历史、政治、军事、经济等人文社科类,甚至一些不太艰涩的专业书籍。那段时间,我并没有急于开始创作,而是写下了几十本读书笔记。可以说,我真正的文学创作并不是始于那篇小说处女作,而是始于那段不曾创作的读书时光。三年的时光,不但休养了我的身体,更滋养了我的文学世界。

这期间,有一次,有上大学的同学来探望我,他很惊诧于我的精神面貌。后来他告诉我,在他的想象当中,一向心高气傲踌躇满志的我,在经受了如此沉重的打击之后,即使没有陷入绝望，也会像被剪掉了翅膀的鸟一样的虚弱、痛苦、悲观、颓废。但出乎他的意料，我的样子不像是受困于病床上，而像是跟他一样，刚刚从充满了生命活力和青春朝气的校园里回来的。其实回想起来，那三年时光，躺在病床上的我，也许并不比那些走进大学的同学们收获得少，某种程度上，甚至收获更多。他们学到的，可能更多的是某种专业知识和技能，而我得到的，是对生活对生命的追问和理解。他们得到了某种生存的途径，而我找到了生命的出口。

除了文学，疾病本身其实也赋予了我许多。我永远忘不了，在医院里，在我的心情最灰暗的时候，一个年轻的生命是如何从这个世界上、从我的身边悄然逝去的。那天晚上，我听说一个同龄病友病危的消息。我悄悄来到抢救室门外。我也不知道自己来到这里的原因和目的。走廊的灯光很昏暗，医生、护士还有家属都在屋子里面，只有我一个人静静地坐在门外的椅子上。我只是

这是养病期间，在家里的阳台上拍的，眼神有些迷茫，但目光里显然已经有些内容了

坐着，好像什么也想不了，更做不了。不知道过了多久，里面传出了哭声。我愣了一下，然后站起身，慢慢地走回病房。那一夜我没有合眼，我想了很多，又似乎什么都没有想。第二天早晨起来，我在纸上写了一句话：生命如此短暂如此脆弱，我们甚至没有时间去痛苦去绝望。也许，我们穷尽一生所能做的，也只是让生命变得稍微强大一点儿。

有人说，疾病是一种造就作家的可行的方法，因为疾病会强迫你停下赶路的脚步，会逼迫你拿出时间去思考；而养成思考的习惯，则是一个人成为作家的重要前提。

可是，没有人会自愿选择厄运。如果时光可以倒流，我可以选择，我也绝不会选择那场病，即使它可以让我明白再多，得到再多。但是，当厄运选择了你的时候，你该做的你能做的，只能是死死地抱住它用来践踏你的那条腿，把那条腿当成一根救命的稻草，不让自己滑落深渊。你无暇去擦眼泪，更不能指望别人来拯救你。你只能自救，只能拼尽全力，让自己能多撑一会儿，再多撑一会儿，让厄运在你彻底坠落之前，早一秒钟退去。

那个时期，以前从来不写诗的我，写过一首诗，题目叫作《独行》。后来我把那首诗寄给了中央人民广播电台的《今晚八点半》节目。当时那个节目非常火，影响力非常大，里面设置了一些很受欢迎的文学版块。没想到，短短两周之后，那首诗就由著名的播音艺术家雅坤老师亲自朗诵播出了。从艺术上讲，那首诗很稚嫩，但却是我那段人生最真实的写照。

没有人能告诉你，究竟为什么
你要独行在这条路的最深处

风，只从你期待的前方吹过
雨，总在你记忆的身后飘落

这条路上，没有承诺
承诺对你，只是一个无从考证的传说
传说里有一座用光和影打造的殿堂
殿堂里供奉着一段不再流淌的时光
而你已抛却了所有绝望与幻想
只专注于自己生命的方向
左边，坍塌了一架坚定的山
右边，升腾起一片浮躁的海
头上，有天使在轻盈舞蹈
脚下，有魔鬼在低沉歌唱
可所有这一切
都无法将你阻挡
只要一息尚存
你就依然会走在你的路上
……
是谁
是谁带着那满身累累的创伤
和一只破旧的行囊
更有一颗盛装的心
等你在远方

说来也很神奇，三年之后，我的身体开始逐渐恢复，而医生并没有给我使用什么新的治疗手段，或者什么特效药。用一位医生的话说，或许不是医生或者药物治愈了我，而是我自己治愈了自己，用民间的说法，是"长破"了。这种事例他见过许多。

倚笔而立

摆脱了病床，重新走出了家门的我，所做的第一件事，就是想办法尽快能够自食其力，养活自己。虽然当时家里的经济条件还不错，至少多养我几年没有任何问题，父母亲也从未给过我任何压力，但是我不想那样。那时候，我已经二十多岁了，既然我已经结束了卧床，就更没有理由还躺在父母身上。而且，那个时候我的思想认识里已经有了一个很明确的观点，那就是：一个作家，或者一个写作者，最重要的品质之一，就是独立性。思想上、观念上、感情上，对世界对人生的看法上，都要独立。而所有这些，都必须建立在经济的独立上。我无法想象，一个靠别人养活的人，能够成为真正的作家。这种想法或许有些偏激，但在我，却是真实而强烈的。

我重新拿起笔，开始文学创作。但意外的是，读了那么多书，又经历了六年大悲大喜的人生，我的创作之路却远没有开始的时候那么顺利。其间我也陆续地发表了一些小说，但想以此为生来养活自己，却显得很不现实。但让我自己都感到意外的是，面对这样有些残酷的现实，我却似乎没有想象中的那样沮丧，也

大病初愈之后，第一次骑车，也预示着我重新回到了路上

没有动摇继续写下去的决心。那个阶段，不断地投稿、不断地退稿，成了我生活中的主旋律。父母亲见我写得辛苦，曾经劝过我放弃，但我不为所动。家里人也曾经想帮我介绍工作，甚至连街道居委会的大妈们都很热情地要帮助我，都被我一一谢绝了，不为别的，只因为那些工作可能让我无法继续写作。但我想自己养活自己的想法并没有改变。那个阶段，我尝试着做过一些工作。在一家货运公司工作，主要负责接电话、出货单。那个工作薪金微薄，但可以让我有自己的空余时间，就算不能写，也可以静静地思考。后来我还做过热水器推销、杂志发行等很多种工作。这期间我发现了一种更合适我、更能够发挥我的特长，又足以养活自己的"工作"：写各种非文学类的稿件，在报纸杂志上开设专栏。还有一件更有乐趣的事情，就是参加各种征文。

我喜欢各种体育运动。尽管因为身体的原因，那几年几乎与运动绝缘，无法身体力行，却并没有妨碍我对体育运动的喜爱。

电视里每逢有体育节目转播，不管是足篮排，还是拳击、武术、乒乓、网球、台球，我都会看。而其中我最喜欢的还是足球。那些年，正赶上大连足球的黄金时期，大连的媒体对足球的关注度也空前高涨。有一天，在公交车上，我发现几个人拿着一份报纸，在议论头一天的联赛。我要过来看了一眼，是大连出版的《足球周报》。

随后，我写了两篇关于足球的文章，寄给了《足球周报》，但都石沉大海。因为体育评论文章不同于文学作品，时效性很强，投稿也无需等很长时间才知道结果，如果你评点了第三轮比赛，第四轮比赛前还没有刊登出来，就意味着你的投稿已经失败了。

我认真地翻看了报纸，对照自己的文章，并不觉得自己的水平比报纸上刊登出来的差。于是，我改变方法，改投寄为上门送稿。

我记得很清楚，第一次去《足球周报》编辑部时的情形。那时候，编辑部还在世纪街的旧址。我去的时候，办公室里有几个人，有的在打电话，有的在低头看稿子，我谁也不认识，也没人搭理我。我傻站了几秒钟，然后凑近一位编辑，跟他打了招呼。他抬头看看我，问我找谁。我说，我是来送稿子的。他"哦"了一声，然后说，我现在很忙，你把稿子先放在这儿吧。

几天之后，那篇稿子见报了，我很兴奋。尽管只是一篇四五百字的小稿子，但却为我打开了另外一扇门。后来，我投给《足球周报》的稿子，几乎百分百都可以被刊用，有时候，编辑还会为某个话题专门跟我约稿。也就在那时候，我结识了《足球周报》的几位编辑，包括姜末、赵植萍等等。

若干年后，我也当了编辑。对于那些找上门来投稿的作者，我总是热情地接待他们，对他们给予格外的关注。因为我知道，这对他们而言，是需要格外的真诚和勇气的。我在与作者们沟通交谈的时候，也经常鼓励他们，对本地的媒体，有条件的话，可以登门去投稿。编辑是个比较忙乱的职业，每天可能都要面对大量的自然来稿，很难做到每稿必看、每看必复，特别是一些有时效性的稿子，一旦错过了编辑的眼睛，也就错过了发表的机会。另外，如果赶上编辑不是很忙，登门投稿还会让你有与编辑当面沟通的机会，这对你的写作和投稿都大有益处。

随后的几年间，我发稿的范围越来越大，发稿媒体的层次也越来越高。尽管都是些百字、千字的小稿件，但因为数量比较大，每个月的稿费也足够养活我自己了。与此同时，有一段时间，我非常热衷参加各种征文活动，赶上我感兴趣的主题，就一定要写上一篇。因为征文活动与一般的发稿还有所不同，除了有发表的喜悦之外，还有一个"比赛"的性质，还有一个要在大量的同类同题稿件中脱颖而出的驱动力。那几年间，我参加征文活动获得的奖品林林总总，小到糖果盘、健身拉力器，大到传呼机、电视机。

记忆中最好玩的，是两次球迷征文。第一次球迷征文，我参加的时候还默默无闻，没几个人认识我。结果我得了个一等奖，奖品是一台摩托罗拉数字精英型传呼机。要知道，在当时，那可是最时髦的装备了，引人注目的程度远非你现在拿部苹果手机可比。挤在公交车上，谁的传呼机"BP"一响，所有人都会朝他投去羡慕的眼光。那个传呼机着实让我兴奋了一阵子，戴着它，我感觉自己比其他那些拥有传呼机的人都更牛，因为别人的机器都是花钱买的，而我的是写文章赢来的。

第二次参加足球征文，恰逢中国足球的低谷（说起来，中国足球基本上没有什么高光时刻，也就没有什么低谷可言，基本上都坚守在盆地里）。本来我的情绪不高，不想再参与了。后来看了征文的奖品，一等奖是24英寸海信电视。当时家里的电视是18英寸的长城，还没有遥控器，我早想换一台，可父母亲拦阻我，不准我乱花钱。在他们看来，我连个稳定的工作都没有，挣点儿稿费要好好留着，不能大手大脚。冲着那台电视机，我努力调整自己的情绪。一旦抛开了心中的不满和怨气，我发现，其实自己仍然是那么关心和热爱中国足球，不管它如何让人失望，让人恨铁不成钢。依从当时自己的真实心态，我写了一篇文章《愿做一粒火种》。

这时候，我在足球评论圈里已经小有名气，在《大连广播电视报》上的足球专栏也开了有几年了。写足球在我来说，可不是就球论球那么简单，足球给了我许多的人生启示。

喜欢足球的人都知道一句话：连上帝都无法预判一场足球赛的结果。在我所知道的运动项目中，足球是最容易爆冷的项目之一。为什么？因为它是一个综合性非常强的项目。决定输赢的除了实力因素，除了偶然因素，还有非常重要的一点，就是你是否能够扬己所长，避己所短。就算对手的整体实力比你强，这种强势也不太可能是绝对全面的。与强大的对手相比，你总会有自己的长处。足球史上以弱胜强的战例，往往就是因为处于整体弱势的一方最大限度地发挥出了自己的长处。比如，2004年欧洲杯上的"希腊神话"。论综合实力，那一支希腊队最多算是二流球队，绝对无法在强者如云的欧洲足坛登顶，他们所依靠的，就是自己强壮的身体、顽强的防守和简单实用的高举高打，并且在实战中把自己的这些强项都发挥到了极致。一个载入足坛史册的"神话"，其实就是人类智慧和精神的一个集中爆发点。所谓"一招鲜，吃遍天"，足球如此，人生也不过如此。人生的输赢成败，往往也不在于你有多么强大，而在于你是否能认清自己的长处和强项所在，并且把它们真正发挥出来。

几个月后，征文结束了。一天下午，电视报的编辑打电话给我，张嘴就说，你请客吧！我莫名其妙。她说，你的征文得了一等奖，得了一台大彩电，还不得请客呀！我就笑了，说，那我就请你看彩电吧。

当时快到年底了，我一直把这件事藏着，没告诉家里人，想给他们一个惊喜。发奖那天，看见一位熟悉的足球记者，他是征文的评委之一。他笑着跟我说，你知道吗？我当时一看见你的名字，就想，嗯，这次坚决不能再让他得大奖了，明明我们有成百上千的参与者，翻来覆去地总让他得奖，弄得我们的活动好像只有这几个人在自娱自乐似的。可等看完了文章，没办法，还得投你的票，不然实在是不公平。

高高兴兴地领了电视机，往家里拉的时候，却让我有些犯愁。电视机包装箱实在有些大，一般的出租车后备厢放不下，后排座位也塞不下。站在发奖的酒店门前犯愁的时候，看见一辆半截小货车停在不远处，司机还在车上，我过去跟司机打招呼，试探着问他能不能帮我跑一趟，收费怎么收法。没想到，他竟然很爽快地答应了，而且说他家也住在白云新村，就不收我的费用了，权当帮邻居一个忙。

一番周折之后，电视机拉回家，全家人都很兴奋。可让人哭笑不得的是，电视打开了，竟然是坏的，看不了。我打电话给主办方的联系人，还把人家弄得一愣，赶紧给另一个一等奖的得主打电话，结果人家的电视好好的，正看得高兴呢。

把电视拉回电器商场，卖电视的也一愣，说这型号的电视我们已经卖了几百台了，快两年了，连个报修的都没有，更别说有开箱故障的了。我说，你的意思是说，我的手气特别好呗。销售员怕我不高兴，赶紧闭上嘴，给我换了一台，又附送了一点儿小礼物作为补偿。

关于"运气"

说来也有意思，我这人从来不迷信，但是对自己的所谓"手气""运气"却是彻底地"服气"了。后来我总结了，我这人运气不佳，凡是抽奖之类，完全靠运气的事情，似乎都跟我没什么关系。这也是许多事情反复证明过的。

比如，我在单位参加过各种各样的抽奖活动，大大小小一共也得有十几次几十次，有上百个奖项了，按概率（单位一共才几十个人）算，轮也该轮到两次三次了，但是我就是一次也没抽到过，一次也没有，就是这么牛！

那些年，大连流行过一阵刮刮奖，两块钱一张，现场开奖，现场兑奖。有一次，我跟着堂兄（就是前面提到的回大连办退休的那位）去抽奖。那时候我大病初愈，没有工作，根本没闲钱去买彩票，是被堂兄拉出来散心的。堂兄塞给我两百块钱，自己也拿出两百块钱，兄弟两个分头进场。当时的场地是一块标准田径场那么大的空地，一共有几十个摊位。买彩票的人不少，人头攒动，不时有中了大奖小奖的人大呼小叫，惹来一片艳羡的目光。我信心满满，心里想，我有两百块呢，足足可以买一百张彩票，就算中不到大奖，怎么还不中几个五等奖六等奖，把本钱捞回来？

但残酷的现实是，一圈下来，我花光了手里的两百块钱，竟然连一块香皂都没中上！另一边，同样花了两百块钱的堂兄抱着一大堆奖品走过来。看见我两手空空，他都愣了，然后忍不住就笑了，说，我弟弟是干大事的，不稀罕中这些小奖。

此类事情，在我身上，举不胜举。不但抽奖手气不佳，连一些比较随机的倒霉事也总会摊到我头上，比如说，前面提到的那台电视机。这种事情发生在我身上也绝不是一次两次。

2004年，我获得了中国作协主办的第六届全国优秀儿童文学奖。颁奖典礼在深圳举行，中央电视台还专门为此举办了颁奖晚会。十六位获奖作家的水晶奖杯一起从北京运过来，结果发到各人手里一看，人家的都完好无损，只有我的摔坏了，杯座和杯身分离，还磕碎了几个角。其他获奖作家怕影响我的心情，一边安慰我，一边要向作协反映，要向运送奖杯的人讨说法。我把他们拦住了。说实话，看见破损的奖杯，我是有点儿不高兴，但不良

2004年，深圳颁奖会上与徐光耀老师（《小兵张嘎》作者，右三）、赵郁秀老师（右二）、张锦贻老师（左一）、王立春大姐（右一）合影

情绪很快就一闪而过了。这倒不是说我的心有多大，多么宽容，而是换个角度想想，这真的是小事一桩。我所获得的，是中国文学界的最高荣誉，破损的奖杯又不会让这个荣誉打什么折扣。

与这种运气不佳与小倒霉相对应的，则是我"走运"的一面。我总结过，总是抽不到奖的我，在评奖中，却总能脱颖而出，顺利地获奖。有人说，这纯是实力使然，但我却不这么看。评奖当然得靠实力，这一点毋庸置疑。但实力之外，也多少有运气的成分。你评上奖了，当然必须要具备一定的实力；但没评上的那些人和那些作品却未必就没有实力。我们几个年龄差不多大的儿童文学作家曾经在一起议论过，一部获奖作品，除了创作者本身的实力和努力之外，决定它命运的其实还有许多其他因素。比如说，出版社。据说就有作品已经通过了终评，却因为出版社发生诸如出版日期、版权页说明等一些纯技术性的问题和错误，而最终与大奖擦肩而过。比如说,你创作和出版这部作品的年代和时机。同样一部作品,有可能早一届或者晚一届都能获奖,偏偏是你参加的这一届可能性最小。再比如说,与你一同参评的作品的类型、水平、实力。运气不好的话,你可能跟许多同类型的优秀作品、优秀作家们撞车,而这种撞车就跟本意上的交通事故是一样的,永远是你事先无法预测和把握的。再比如说,这一届评委的文学倾向和喜好,等等,等等。

而我在这些方面,似乎格外有运气。据我所知,一些作家为了获得大奖,从创作之初,就在题材上、体裁上、出版社的选择上,以及出版之后的开研讨会、请人写书评、媒体宣传等一系列事情上,下足了功夫,但到头来却未能得偿所愿。而我几乎从来没有为这些事操过什么心,却似乎总有意外之喜。就像我获得全国大奖的那次,事前我甚至连如何申报、什么时候开始评奖、评奖的基本程序、初评终评的评委是谁,统统不知道。直到接到北京责编的电话,我才知道自己得奖的消息。当然,这里面除了"运气"之外,还有很重要的一点,就是有"贵人"扶持。这些,我会在后面说到。

由此,我早早地就替自己总结出了一条结论,那就是:我这辈子要想出点儿彩,想取得点滴成就,走捷径撞运气肯定是死路一条。唯一一条出路,就是脚踏实地,一步一个脚印,靠努力靠奋斗,靠不懈地坚持。这看似有些玩笑的结论,对我却有着很重要的现实意义。只有认清了这一点,人在顺境时,才能学会放慢脚步,多想多看,多从自身发现隐藏的弱点和风险,透过风和日丽的今天看到风云变幻的明天;在逆境时,遇到阻碍时,才能够挺胸抬头，最大限度地挖掘出自身的潜能，调动起最大的主观能动性，去跨越障碍，实现突破。

转过一个山角

大病初愈的那几年，我的生活简单而充实。上班，写稿子，读书。我似乎对自己的生活状态很满意了。但是父母亲却在为我担心，他们担心我会越来越安于这种平静而平淡的日子。其实我自己心里很清楚，这种日子对我来说，是一种休养，是一种过渡，更是一种沉淀和积蓄。那时候，我已经认准了，自己一定要走文学创作这条路。我绝不会满足于写写这样豆腐块样的应景文章，我真正要写的，是小说，是真正的文学作品。"只是，我现在还走在迷雾当中。虽然还看不见前景，甚至还摸不准方向，但我知道，我已经在路上了。我在等待一个契机，一个转弯。我坚信，一旦我转过了那个山角，一定会看见一片不一样的风景。"这是我某一天，随手写在一本读书笔记上的一段话。

1994年夏天的某一天，我来到《海燕》杂志社。我不是来送稿子的。从1993年，我在《海燕》上发表了我的小说《一块云》之后，我已经有一年多没有再为《海燕》写小说了。就像前面说到的，我是有意要停下脚步，想一想下面的路，要怎样选择，怎样来走。

那一天，编辑部里只有宋一平老师在办公室。宋老师是编辑部的一位资深编辑,那时候已经快六十岁了,人胖胖的,面相福气而和善,很能抽烟,平时话也不多。因为我的责任编辑是王传珍老师,写的稿子也都是交给王老师的,再加上编辑们不坐班,不是每一次来都会碰到每一位编辑,所以,我跟宋老师只是相识,平时的交往和交流并不算多。但那天也巧了,屋子里只有我和宋老师,既没有其他编辑,也没有其他作者。宋老师看上去也不是很忙,我便和他攀谈起来。我的天性里有一样好处,就是从来不打怵跟人交谈,不管是熟悉的人,还是陌生人,或者是不太熟悉也不太陌生的人,我都可以很快地和他们找到共同感兴趣的话题。当然,那时候我不可能想到,那一次交谈将会为我的文学创作,甚至是为我的整个人生,带来怎样的转变。

交谈之中,宋老师很热心地询问了我的生活状况和创作状况。后来他就提到了一个我以前从未听说过的名词:儿童文学。宋老师告诉我,你可以尝试着写一点儿儿童文学,并且热情地向我推荐了辽宁省作协主办的儿童文学刊物《文学少年》。

离开编辑部之后,我一直在想着宋老师的话。但是,仅仅依靠与宋老师的一番交谈,我还远远无法建立起来有关儿童文学的概念。那时候,中国还没有进入网络时代,我只能去图书馆,翻找一些儿童读物,以此来搭建有关儿童文学的概念,但收效并不明显。

后来,我决定暂时放弃对什么是儿童文学的追问。据我理解,文学本来就是一个见仁见智的东西,对文学的定义本来就是多种多样的,对儿童文学也理该如此。况且,我想当的是一个作家,而不是理论家。也许,通过创作来建立自己对儿童文学的理解和表达，是更适合我的方法。

一周之后，我写了一篇四五千字的小说，名字叫作《老人·孩子·魂斗罗》，把它寄给了《文学少年》。这时候，我与这本杂志还素昧平生，从未谋面。

转过年来，春节过后，有一天，父亲从学校回来，说有人从沈阳给他打电话，说是《文学少年》的编辑，姓赵，是位女士。那位赵编辑请父亲转告我，我的那篇小说已经被留用了，不久就会刊出。赵编辑还说，希望有机会能跟我通个电话。我很惊讶，因为这次投稿不同于初升高那个暑假我写的那篇小说处女作，那一次，我留了父亲的电话，而这一次，我记得很清楚，我只留了父亲学校的地址，并没有留电话。那位姓赵的编辑是怎么辗转找到父亲的呢？如果仅仅是想告诉我，留用了我的小说，她完全没有必要费这一番周折的，按照我留的地址，发一封用稿信给我，就满可以了。后来，那篇小说于1995年，以头题位置发表在《文学少年》的7—8月合刊上。

说来也巧，接到这个电话的半个月之后，我们家就安装了电话。我按照那位赵编辑留下的号码，给她打了电话。没想到，她接到我的电话，竟然非常高兴，那种高兴劲只从她的声音里就可以清清楚楚地感受到。她肯定了我的那篇小说，认为写得很好。我有些心虚，赶紧谦虚两句，说自己是第一次写儿童文学，还只是一个初学者，才刚刚起步。不想，她打断我的话，说，你不用太谦虚，你虽然刚刚开始儿童文学创作，但是你的文学基础非常好，起点非常高，如果你可以坚持进行儿童文学创作，一定会在不远的将来，取得很好的成绩。她还告诉我，她已经给我寄出了几本《文学少年》杂志，还有两本有关儿童文学创作的书籍。最后，她给了我一个电话号码，说那是滕毓旭老师家的电话，他是大连一位著名的儿童文学作家，也是大连市儿童文学学会的会长。她已经事先给滕老师打过电话了，希望我有时间能够跟滕老师联系，去拜访一下滕老师。

我放下电话，一旁的父母亲都很好奇，问我，这个电话打了这么长时间，都说了些什么。我把电话的内容简单地说给他们，他们都很惊讶，觉得这位赵编辑甚至连我的面都没见过，却肯为我说这么多，做这么多，简直有些不可思议。我开玩笑说，还不是因为你儿子有才呗。父亲白了我一眼，说，有才的人多了，可就算你再有才，又有几个人肯为不相干的你，操这种心？我点点头，觉得父亲说的是实情，心里更是对这位赵编辑充满了敬意和感激。

接下来，为了去见滕老师的事情，我和父母亲却产生了小小的分歧。依我的想法，既然赵编辑让我去见滕老师，我就给滕老师打个电话，约好了，上门拜访就是了。可是，父母亲却觉得我这样做太过冒昧，毕竟，我跟那位滕老师也是素昧平生，这样打个电话，就登门拜访，不太合适。那位赵编辑很热情，但并不意味着这个圈子里所有的人都跟她一样热情，毕竟，每个人的性格和习惯都有所不同。我理解父母的顾虑。他们都是高级知识分子，都很尊重个人空间。我答应他们，先打个电话试试。如果人家没有主动邀请，我就不提登门拜访的事情了。

我给滕老师打了电话。电话里，他略带口音，语气温和而慈祥。他说，赵老师已经给他打过电话了，说我是一个非常有才华的年轻人。他热情地邀请我到他家里坐一坐，谈一谈。

去滕老师家之前，母亲突然问我，就这样去见人家，你不打怵吗？我愣了一下，打怵？为什么打怵？母亲就笑了，跟父亲说，这孩子像谁了呢？他怎么就不知道害怕，不会觉得为难呢？父亲叮嘱我，见了滕老师，多听，少说，态度要谦虚。我点点头，心里却有自己的想法：赵编辑让我去见滕老师，也是想让滕老师多了解我，如果我只是听，什么也不说，人家又怎么了解我呢？从小到大，父母亲都是我为人处世的榜样，但是随着年龄的增长，在对一些事情的看法和处理方式上，我开始有了不同的态度和想法。

与滕老师的见面让我很兴奋。滕老师的家很朴素，既有书香气质，又充满了生活气息。滕老师对我很热情。那天我们谈了将近两个小时。滕老师向我介绍了大连市儿童文学学会和辽宁省儿童文学学会的基本情况。这时候我才知道，原来从沈阳给我打电话的赵编辑，就是省儿童文学学会的会长赵郁秀老师。我也跟滕老师说了我现在的状态和创作情况，看得出来，滕老师也很兴奋。后来，是赵老师告诉我说，见面之后，滕老师马上给她打了电话，说我是个非常聪明、非常有才华有潜力的年轻人，将来一定会在文学创作上取得很大的成绩。

在赵老师和滕老师的不断鼓励下，我又陆续地在《文学少年》上发表了小说《大雪》《负债》等作品。

此后，我开始参加儿童文学学会的一些活动，结识了车培晶、满涛、于立极、于颖新、尤异等大连的儿童文学作家。其中满涛先生，在我刚刚开始接触文学创作的时候，就听说过他的大名。有一次《海燕》在开发区银帆宾馆搞活动，主编毕馥华老师

大连市儿童文学学会会议期间与邓刚（左四）、车培晶（右二）、满涛（左一）、王凯（左二）等合影

在讲话中，几次提到一名很有实力的作者。特别让我印象深刻的是，毕老师谈到的这位作者的刻苦精神，当同单位同宿舍的人都在打牌聊天的时候，他却躲在一旁看书，或者进行文学创作。这位作者就是满涛先生。只是那次活动我只参加了一半，无缘与满涛先生相识、交流。后来，在我参加《海燕》举办的一次笔会时，我们才算正式相识。只是随后又有好几年没见过了，再次见面我才知道，他已经调到了团市委所属的少年大世界杂志社工作。他邀请我去杂志社做客，并且约我为《少年大世界》写了几篇报告文学和小说。满涛兄为人忠厚宽容，做事沉稳低调，但心有锦绣。回想起来，当时他的约稿一定是另有深意的，为我在短短的一年之后把握机会进入少年大世界杂志社成为一名期刊编辑，做了很好的展示和铺垫。

1996年，我突然接到赵郁秀老师的电话，说她要到大连来，希望我能跟她见见面。

那天，我如约来到酒店，见到了赵郁秀老师。当时她已经

参加《海燕》笔会时与徐铎（中）、满涛（右二）两位兄长等的合影

六十多岁了，但是热情洋溢，精力充沛，而且皮肤白皙，面色红润，让你根本无法相信她的实际年龄。这一次，她是陪同著名作家、时任辽宁省人大常委会副主任的王充闾先生，专程来连看望刚刚荣获第三届全国优秀儿童文学奖的大连作家车培晶老师。活动期间，赵老师特别把我介绍给了新任少年大世界杂志社的社长王凯先生。

在赵郁秀老师、滕毓旭老师的极力推荐下，我于1996年下半年顺利进入少年大世界杂志社做编辑工作。现在想起来，对当时的我来说，解决工作问题是一件大事，但在完成这件大事的过程中，我却始终处于一种"被动接受"的状态，既不曾主动找过谁、托过谁，更不曾给哪位领导送过哪怕一盒烟一瓶酒。我所做的努力，只是尽心尽力地为《少年大世界》写了几篇评价不错的报告文学和小说。事隔多年我才知道，当时想进入杂志社工作的远不止我一个人，而且都很有实力。怎奈，外有赵老师、滕老师这样的重量级人物力荐，内有满涛先生的"接应"，还是让我在这场激烈的竞争中，浑然不觉地胜出。

1997年9月的一天，我正在家里和父母亲一起吃饭，忽然接到了满涛兄从单位打来的电话（那时候我不坐班）。他告诉我说，有我一封信，看上去像是一个证书之类的。当时我的心里一动。满涛兄很善解人意地问我，要不要他现在就替我打开信封看一看，我连忙说好。片刻之后，满涛兄告诉我说，是一个获奖证书。我获得了冰心儿童文学新作奖。他向我表示祝贺。

那是我开始儿童文学创作以后，所获得的第一个文学奖项。那篇五千字的小说叫作《鸟儿在天上》，写的是一个跟随父亲来到城市里寻找妈妈的乡下孩子和一只向往自由的小麻雀之间的故事。那时候，我对儿童文学界的各种奖项一无所知，只是从滕老师那里得到了一个冰心奖的投稿地址，就赶写了一篇小说，在截止日3月31日之前的几天寄了出去。之后，我几乎忘了这件事情，没想到，竟然获了奖。我赶紧打了电话，把这个喜讯报告给了赵老师和滕老师。让我有些奇怪的是，赵老师和滕老师虽然很高兴，但似乎并没有很意外的感觉。赵老师鼓励我，要继续努力。而滕老师干脆直截了当地对我说，这个奖项对你，只是刚刚起步，你的目光和目标应该放得更远更大。

转过年来，那篇小说获得了大连市优秀文艺创作奖。我记

在邓刚老师家

得很清楚，在一次活动中，我见到了邓刚老师，他对我说，评奖的时候，我看了你的那篇小说，写得不错，跟你以前的东西相比，已经不可同日而语了，我觉得，你现在已经找到了一条适合自己的创作之路，加油吧。我很意外，也有点儿受宠若惊。因为邓刚老师生性幽默诙谐，爱开玩笑，平时很少这么严肃地跟我这样的年轻人说话。其后的许多年里，我时常能见到邓老师，但私下里的交往并不是很多。除了这一次，我们两个人之间还有另外一次严肃的谈话。那是我到他家里，约他为《少年大世界》中学版开设一个问答栏目的时候。那次谈话对我的影响很大，很深远，也促使我主动做出了一些改变。一些朋友和老师也发现了我的改变，问我是怎么回事，我说，是因为我与邓刚老师谈了一次话。有人追问谈话的内容，我说，那是秘密。后来，有人又去追问邓刚老师。邓刚老师就说，刘东很聪明，悟性很高，所谓响鼓无需重锤。换个人，你跟他说得再多，他也未必能够领悟，更别说改变了。至于问他到底说了些什么，他也只是笑笑，不做回答。

邓刚老师是一位智者，他的人生智慧和文学智慧都令我钦佩，他的文字表达和口头表达都充满了独特的魅力。

记忆中的两根"刺"

随着与儿童文学圈子里的老师、朋友们熟悉起来，随着我进入少年大世界杂志社工作，我的创作重心开始自然而然地转到儿童文学方面。但与此同时，我身上与生俱来的某些锋芒，或者说得难听一点儿，身上的一些针刺也开始一点点显露。尽管你可以把这些针刺美化成一种"个性"，但事实上，它确实充满了某种"少年轻狂"的意味，并且很容易在某些场合某些时候，刺痛某些人，甚至因此而得罪某些人，虽然我绝对没有任何恶意，甚至根本就是无意的。回想起来，我在这方面绝对是有过教训的，而且有些教训还是很深刻的。但幸运的是，大连的文学前辈和朋友们都非常善良，而且胸襟豁达，对我这样的年轻人不但给予了足够的理解和宽容，更给予了足够的关注、扶持和支持。我能够在文学创作的道路上走到今天，跟我得到的这些理解和宽容、扶持和支持是密不可分的。

让我印象深刻的有两件事，都跟滕毓旭老师有关。

有一次，我在滕老师家里做客，谈话间，滕老师家的电话响了，滕老师接了电话。电话里的声音比较大，断续地可以听见几句，再加上滕老师的应答，我可以大致推断出这个电话的内容，好像是某个跟滕老师相识的作者在电话里跟滕老师诉苦，因为投稿不成功之类的事情。果然，滕老师放下电话，告诉我说，是外地一位老作者打来的。这位作者从事儿童文学创作多年，但一直有个夙愿未了，就是在著名的刊物《儿童文学》上发表一篇作品。他屡次投稿未果，不禁有些心灰意冷，这才给滕老师打了这个电话。接着，滕老师就问我，是否知道《儿童文学》这本期刊，我点点头。在我的记忆中，上小学或者是上中学的时候似乎读到过这本杂志，但后来就很少读了。这本期刊现在变成什么样子了，我一无所知。滕老师就告诉我，《儿童文学》是现今国内唯一的一本国家级儿童文学刊物，在业内有"小《人民文学》"之称，选稿极严，上稿很难，许多多年从事儿童文学创作的人，都以在《儿童文学》上发表作品为荣。当时我听得懵懵懂懂，连一点儿基本印象和概念都没有，却鬼使神差地跟了一句："真有那么难吗？"尽管是一个疑问句，但口气中肯定明显含有质疑，甚至不屑的意味，因为我记得很清楚，我的话让滕老师愣了一下，停顿了片刻之后，就结束了这个话题，没有继续下去。

尽管那时候我说话一向很少关注别人的反应，但那一次我还是在第一时间就意识到了自己的鲁莽，心里马上就后悔了。但无奈，话已出口，无法收回了。好在，短暂的愣神之后，滕老师并没有任何不高兴或者责怪我的意思，之后又跟我聊了许多有关创作和生活上的事情，跟以往一样，话语中充满了关切和鼓励之情。

但是，事后这句话却成了我的一块心病，让我有些纠结。虽然话说得有些轻狂，但又实在没法为了一句话跟滕老师解释什

儿童文学学会活动期间与滕毓旭老师（右二）、车培晶老师（左二）和满涛先生（右一）的合影

么，那似乎只会越描越黑。想来想去，我觉得"解决"这件事情的唯一办法，就是我尽快在《儿童文学》上发表一篇作品。

于是，我特意去报亭买来了当月的《儿童文学》，又到图书馆翻阅了以前的旧刊。在对《儿童文学》的现状和风格有了一定的了解和认识之后，我开始准备自己的稿件。一开始，我想到的是几个此前已经在我的脑海里盘旋了好几年的小说题材。这些所谓的小说题材有些特别，素材都是我通过采访得来的，也就是说，它们都有现实中真实的原型，我一直有意要把它们写成一个系列小说的形式。很快，第一篇小说写好了。但是要寄出之前，我又改变了主意，临时创作了两个超短篇小说，题目为《孤独有脚》和《悲伤无痕》，寄给了《儿童文学》。

我还很清楚地记得，当我在五一广场，把那封信投进邮箱时的心情。作为一个创作者，我该做的能做的，至此已经做完了。剩下的评判、选择和取舍，就都不关我的事了，我只需要等待，顶多再加上一点儿有热度的期待。这也是我热爱文学创作的原因之一。因为除了创作过程中，创作者所能体会到的独特的快乐和幸福感之外，投稿程序的简单、单纯也是我所喜欢的。你尽可以把精力、热情、才华都投放到创作中，而不必像其他一些行业，需要分出许多精力，来应对专业之外许多纷繁复杂、莫名其妙的人和事。

一个月之后，我收到了《儿童文学》编辑部王桂馨编辑的一封手写的用稿信，字迹很漂亮，信中还附了一张散发着花香的名片。王编辑在信中告诉我，我的两篇小说已经留用了，很快就会刊出，如果我以后还有什么好的作品，可以直接寄给她。看了信，我很兴奋，差一点儿就拿起电话，向滕老师报喜了。可转念一想，我又忍住了。我忽然想到，这样急急忙忙地跟滕老师汇报，会不会有点儿炫耀，甚至有点儿"示威"的意味？我决定，等小说刊登出来之后，再说。

1997年5月，小说在《儿童文学》上发表了。让我意外的是，滕老师在我之前就看到了小说，并且第一时间就打来电话向我表示祝贺。这让我很感动，也有点儿愧疚，觉得自己此前有点儿想得太多了。

另一件事，也与创作有关。滕老师与某出版社达成意向，要组织大连的几位作者创作四部长篇科学童话。滕老师找到我，想让我参加，创作其中的一部。我很激动也很感激，因为当时我还从未创作出版过长篇作品。作为一名默默无闻的年轻作者，滕老师邀请我参加这次创作，当然是对我的偏爱和扶持。可是，滕老师接下来的话，又让我有些为难。滕老师跟我商量，想让我跟另一位年轻作者合作，一起完成创作。滕老师说，他这样安排，也是想给那位年轻作者一个机会。他觉得，我们是年龄相仿的年轻人，交流、沟通起来比较方便，应该可以合作得很好。我当时没有立即答应滕老师，只说我要回去想一想。

回到家里，我一直在想这件事，内心有些纠结。父母亲看出来了，就问我。我把事情说给他们，他们一致认为，这是滕老师给我的一次十分难得的机会，我没有什么可犹豫的，应该答应滕老师。我反驳他们说，这次要写的是长篇童话，从结构上讲是一个很紧密的整体，并非是那种相对松散的系列性的作品，可以在确定了基本人物和情节之后大家合作，各自完成自己承担的部分。我与那位年轻作者的语言风格不同，创作思路也不同，就算尽力沟通，恐怕也难保证作品的整体性和一致性。那样的话，虽然我们都得到了一次锻炼的机会，但是创作出来的作品恐怕会大失所望。从这个角度上说，我们可能等于浪费了一次非常好的机会。我们两个人都是第一次进行长篇作品的创作，如果这次创作不成功，结果不理想，对我们今后的创作可能也会有不好的影响。

父母亲听了我的话，有些愣神。因为生病的特殊经历，我虽然在经济上早已经独立，当时已经年近三十岁，有了正式的工作，有了女朋友，但是在他们眼里，依然还是个孩子。尤其是我的个性比较强，棱角分明，在处理一些事情上往往只会就事论事，喜欢选择那些最简单最直接的方式，这也让他们觉得我还不够成熟。父亲对我说，我是学理工的，对文学创作是个外行，给不了你什么有建设性的意见，不过，在我看来，这件事应该不仅仅是文学创作那么简单。滕老师是你的前辈，又是在帮你，为你提供机会，你应该更多地从他的角度看待和处理这件事情。

父母亲的话的确不无道理，但是我最后还是决定，按照自己的想法去做。我仔细地想过，滕老师的角度是什么样的？滕老师的出发点和落脚点又会在哪里？以我对滕老师的了解，他一定会更看重文学创作本身，更看重创作出来的作品质量，而不是其他的什么东西。我把我的态度和决定告诉父母亲，他们也并没有进一步阻拦我，只是说，你现在已经是成年人了，可以自己决定自己的事情了。

我去滕老师家，告诉他，我想放弃这次创作机会，让另一位年轻作者独自进行创作。我简单地把我的理由说给滕老师，他点点头，表示赞同我的想法。我问他，会不会因为我的决定而感到不太高兴？他就笑了，说，怎么会呢，而且说实话，我已经预料到你会做出这样的决定。这件事，是我考虑得不周全，只想着能让更多的年轻人抓住这次机会。

后来，还是我独自完成了那部长篇童话的创作。在我决定放弃之后的第二天，滕老师告诉我，那位年轻的作者也决定放弃这次机会，让我独自创作。我愣了一下，想说几句什么。滕老师摆摆手，说，你不用想得太多，我相信他的决定是真诚的，跟你的一样，单纯从创作的角度上说，我更希望由你来完成这个作品，我相信你不会让我失望的。

那是我的第一部长篇作品，名字叫作《超级蚂蚁托托》。整个创作过程，我都很兴奋，一直处于一种亢奋的状态。可没想到，到了交稿的那天，却有些手忙脚乱。因为父亲在大学里教授计算机课程，所以，我很早就有机会接触和使用电脑，从286到386、486、586，一般都是学校里淘汰下来，当作福利卖或者送给本校职工的机器。因为我的作品是写在电脑里的，而滕老师当时还没有使用电脑，所以无法在电脑上审看我的稿子。本来我打算最后定稿之后，用稿纸抄写下来，但父亲怕那样会增加我的工作量，也担心我的字写得不工整，让滕老师看起来太费力气，就帮我借来了一部旧的打印机，连接在电脑上。那是种针式打印机，使用墨带。工作的时候，不单声音大，而且速度慢，吭吭哧哧、声嘶力竭地左右往返两三遍，才能打出一行字。更要命的是，还必须有人看着，及时换纸，否则就会中断打印。我的书稿有将近八万字，要打印上百页打印纸。赶上个休息日，一整天，父母亲都在轮班替我看着打印机，我则在一旁最后审定打印出来的稿子。

一直忙乎到晚上八点钟，我才带着装订好的稿子赶到滕老师家。一见面，滕老师就笑了，说，你也够较真的，拖一两天送来，也是一样的。我说，那可不行，我第一次写长篇，就不按时交稿，说不过去的！

那部书稿得到了滕老师的充分肯定。后来稿子交到出版社，滕老师又告诉我，出版社的编辑看过大家的书稿后，认为我的书稿写得很好，并且建议，把整套书的小标题的样式、体例都统一成我的样式。听到这个消息，我当时只感觉到心里的一块石头落了地，并没有更多的喜悦之情。只有我自己知道，创作这部作品时，我给自己的压力究竟有多大。唯一有一点儿遗憾的是，后来因为出版社遇到的一些状况，那本书一直拖到2005年才正式出版，没能成为我创作生涯中第一部面世的长篇作品。

滕老师不但是我文学创作上的榜样，更是我做人的榜样。他的正直、豁达，他的善良、乐观，特别是对后辈无私的扶持、真心的呵护，都让我感动。那一年，滕老师的一部作品开研讨会。作为研讨会的主角，滕老师没有为自己和自己的作品多说任何话，却在简短的谈话中，几次三番提到，我们大连的儿童文学界涌现出了一个非常有才华有潜质的青年作家，他叫刘东。在会后，又热情地把我一一介绍给参会的老师和朋友们。

关于"轰然作响的记忆"

我的小说《悲伤无痕》《孤独有脚》发表之后，我决定，把那个系列小说的第一篇《祸事》，寄给《儿童文学》的王桂馨老师。

稿子寄走不过一周的时间，我就接到了王桂馨老师的电话，说稿子写得非常棒，因为刊物现在特别需要优秀的报告文学稿件，而我的小说又是纪实性的，所以想要把我的小说当作报告文学来发，特意打电话来征求我的意见。我说可以，我没有意见。王老师又问我，这个系列是不是已经有了第二篇、第三篇，我给了她肯定的答复。她很真诚地说，希望你能把这个系列后面的稿子都交给《儿童文学》来发表。然后，她忽然问了我一句，你是不是有意这么做的？我愣了一下，没明白她的意思。她说，我觉得，你先前寄给我的那两篇小小说，只是负责探路的，想试探一下《儿童文学》的眼光和态度，而这个系列才是你真正想展示的作品。我没吭声。王老师说，如果那两篇小小说石沉大海，你是不会考虑把这个系列交给《儿童文学》的，是吧？这一回，我给了她肯定的回答。她听了就哈哈大笑起来，说，我还没见过你，不过已经知道，你是个很狡猾的孩子了。

王桂馨老师开朗、真诚、热情，有时候，还会像孩子般地调皮。后来我们见了面，竟然有一见如故之感。她对年轻作者不遗余力的扶持，她对工作一丝不苟的态度，都让我感动。一直到她从编辑部退休，我们还保持着联系。

接到王老师电话的几天之后，《儿童文学》负责报告文学栏目的编辑汪玥含给我写了信，对《祸事》给予了非常高的评价。她询问了我关于这个系列的整体构想，并提出了一些建议。

1998年3月，系列采访小说"轰然作响的记忆"的第一篇《祸事》，刊发在《儿童文学》的头题佳作栏目。并且，责任编辑汪玥含亲自操刀上阵，撰写了点评文章。其后，这个系列中的第二篇《蝴蝶》、第三篇《游戏》、第四篇《下课》、第五篇《长裙》连续刊发在同年《儿童文学》的4月、7月、10月、12月刊上，并且全部是头题佳作，文后配发了点评文章。后来，有评论把那一年称作《儿童文学》的"刘东年"。因为据说自《儿童文学》创刊、复刊以来，每位作家，不管你名气多么大，名望多么高，每年最多也就发三四篇稿子，像我这样，一口气发五篇小说，而且全部是头题的，绝无仅有。

稿子发到第三篇的时候，就先后有好几家杂志社的编辑联系我，希望我能把后面的稿子拿给他们发，有人甚至为此开出了所谓的"特别稿费"，但都被我一一谢绝了。这期间，又有几家出版社联系我，希望将来可以为我结集出书。这个倒是令我有些心动，特别是其中一位出版社的编辑，在一封手写的长信中，详细叙述了他对这个系列的理解、感悟和评价，令我非常感动。但在当时，因为仅仅才发表了几篇，对于出书而言，篇幅远远不够，所以，我也就暂时把这件事搁置了起来。

转年，在《儿童文学》每年都要举办的年度优秀稿件的票选中，我的五篇小说全部名列前茅。编辑曾经跟我开玩笑说，这要是都按票数走，那一年《儿童文学》的年度优秀作品奖绝对会被你一个人承包了。

1998年，我参加了在北戴河举行的中国作协第二届全国青年儿童文学作家讲习班。在那里，我作为青年作家的代表，在开幕式上致辞。也是在那里，我第一次见到了《儿童文学》的主编徐德霞老师，还有各位编辑老师和朋友，见到了儿童文学界的各位大腕大咖，感受到了儿童文学作家圈中那种热情洋溢、朝气蓬勃的氛围。有意思的是，那次和我们一起参加活动的，还有一个少年儿童文学夏令营的营员。我在夏令营里结交了一位忘年交的小朋友，来自新疆的牛岚。当时她还只是一个上初中的小姑娘。我们的友谊一直持续到今天。她曾来大连参加她妹妹牛岳的婚礼，我们才再次见面。我当时已经不敢认她了，因为她已经是一个两岁孩子的母亲了。

"轰然作响的记忆"从一开始，就给我带来了意想不到的关注和荣誉。当时，从前五篇的势头看，我应该可以很快就完成整个系列的创作，但事实上，到这个系列的最后一篇《房子》刊出时，时间已经来到了2003年。也就是说，我在1998年一口气发表了前五篇之后，剩余的七篇稿子竟然整整花费了五年时间才全部完成。从时间跨度上看，这让人有些难以理解，而这其中的酸甜苦辣、所得所失，只有作为创作者的我，才能真正体会。

首先，从主观上讲，我要感谢这五年时间。正是这五年时间，让我能够沉下心来，以更平和更专注的态度，对待这个系列后面的创作。我记得，首先为我敲响了警钟、及时提示我的，正是《儿童文学》的主编徐德霞老师。当时我把第四篇《下课》的稿子寄出之后，很快收到了徐老师的来信。原来，当时因为编辑人员的变动，徐老师临时接手做了这个系列的责任编辑。徐老师提示我，这一篇的质量与前三篇相比，有差距，虽然横向比较，依然可以进入头题佳作，但作为系列作品中的一部，它还必须要接受纵向的比较。而且她认为，这种差距不是题材和我的创作水平造成的，很可能是时间造成的，因为可能编辑追得紧，让我写得比较仓促。她的语气很客气，很婉转，但要说的主题却绝不含糊。

看了信，我很惭愧，因为我很清楚，造成这种差距的最主要的原因是什么——不是时间，不是编辑，而是我的创作态度。其实作为一名写作者，我在稿子完成寄出之时，就已经能够很明确地感受到徐老师所说的那种"差距"，这是一个写作者的本能，或者也可以说是一种天赋。但是我还是把稿子寄出去了。

那天的整个晚上，我都坐在电脑前，把《下课》的稿子看了七八遍，却一个字也没有改，没有动。那是我生平第一次，把自己的稿子读了这么多遍，每读一遍，我都会发现新的不同的需要修改的地方。一开始，这让我很沮丧，但到了后来，我居然变得兴奋起来。我第一次发现，原来这样的过程竟然会激发出许多新的想法和新的灵感，而这种过程在此前，一直被我视为无聊和徒劳的苦差事。

那篇《下课》我整整修改了一周时间。以此为界，这个系列其后的每一篇，我都会在完成之后放置一段时间，然后再看，再改。我不敢说，这个系列的十二篇我都做得很好，但至少我敢说，我已经尽了自己最大的努力，发挥了当时自己最高的创作水平。后来《轰然作响的记忆》在北京开研讨会，在会上，就有评论家指出，刘东的这部小说集整体水平都保持在相当的水准之上，从选题到文本，再到文学性和思想性，都非常整齐，这在儿童文学作品的合集中，非常难得。听到这样的评价，我不禁暗暗舒了一口气，觉得自己实在是够走运，遇到了《儿童文学》，遇到了徐德霞、王桂馨、汪玥含这样的编辑。同时也庆幸自己，能够在最重要的时刻和节点，把握住自己，及时地反思和调整。若非如此，这部历时六七年创作完成的《轰然作响的记忆》，还能不能达到现在这样的水准、取得现在这样的成绩，真的是个未知数。

从《下课》开始，我对创作完成的作品，无论长短，先搁置，然后再反复修改的习惯，一直延续到今天。也许这个过程对有些作家而言，是痛苦的事情，但在我，已经变成了一种幸福。那不单是一个简单的修改过程，也是一个享受的过程。看到有趣的地方，甚至会问自己，奇怪，你当时怎么会想到，要如此表述呢？进而就会回想自己当时的状态和思路，感叹一个作家的状态和灵感都是即时性的、一次性的，此时此地此想法，过期作废，既无法复制，也无法再生。

我这个人，在生活细节方面，属于比较大咧的一种，凡事差不多就行，不愿多花任何心思去计较去较真，无论是对自己还是对别人，都是如此。所以给人的印象是很爽快，很好沟通，能走直道，绝不绕弯子；用"一"能解决的事情，绝不费心去想用"二"是不是更好。用东北的小品语言说，就是这人很"敞亮"。唯有在文学创作上，却是个认"死扣儿"的人。我曾经创作过一篇三千字的小说，几经修改，发给编辑之后，又觉得结尾处的一个用词如果替换一下，效果会更好。替换之后，果然如此。于是又发邮件给编辑，专门进行了替换。可替换之后，又发现了更好的方式，再改。幸亏编辑们大都是同道中人，能够体会创作者的心情和甘苦，不然有时候连我自己都觉得有些过分，过分到有点儿像强迫症患者。

这样的创作方式，也决定了我的创作速度不会很快，创作同样篇幅作品所付出的时间和精力也更多。尤其是"轰然作响的记忆"这个系列的作品，从寻找线索、采访、整理材料、沉淀、体会、构思、创作、修改，到一篇万把字的"采访小说"写下来，实在很累人，其工作量相当于日常我创作一万字小说时的四倍到五倍，有时甚至不止。也就是说，完成这个十二万字的系列，我的工作量等于完成一部四五十万字的大部头的长篇小说。除了身体累、头脑累，心也累，因为这个系列已经有了一个不错的开头，就要避免"虎头蛇尾"，否则既对不起自己前面的劳动，也对不起关心扶持它的《儿童文学》的各位编辑老师以及广大的读者朋友们。背上了这样沉重的思想和心理包袱，不累才怪。

其次，从客观上说，这个系列的创作注定是越往后越难。前面的几篇，题材放在手里好几年，创作的设想也在脑海里转悠了好几年，所谓厚积薄发，一旦开始下笔，真的是才思泉涌，如有神助。因为不论是从题材、体裁，到表现手法，都是全新的，这种新鲜感会对你的创作产生非常大的刺激作用。我不知道别的作家有没有同样的感受，反正我选择当作家的一个重要的理由，就是当作家可以不断地去追求那些新鲜的感觉，新鲜的素材、新鲜的人物、新鲜的语言、新鲜的角度、新鲜的手法。作家最忌讳的就是重复，不管是重复别人或者是重复自己，都是大忌。而且重复也很容易让作家产生自己已经江郎才尽，到了穷途末路的困顿和绝望。

可是，"轰然作响的记忆"是一个系列，所谓一个系列，就是这个系列下的作品，要有一定的相通性。而在保证这种相通性的情况下，你又想让每一篇都保持前面所说的新鲜度，难度自然会变得越来越大。单从素材上看，后面的就一定要想办法区别于前面已有的，这就对采访者和受访者都提出了更高的要求。可是因为作品有纪实的属性，所以一些题材又是可遇不可求的，更不是你想要什么就有什么的，这就使难度变得更大。为了这个系列，我前前后后一共采访了近百人，但是可用的内容只有十几个、二十几个人的。其中，许多题材没有创作价值，有的采访内容虽然很有价值但不宜写出来，就算写出来了，估计也没有人能给你发表。还有一些题材不错，也可以写，但我却写不了，至少在这个系列中写不了。因为这个系列都是以第一人称写的，采访体验很重要，作为写作者，你必须要完成一个"反身替代"的过程，而一些受访者的经历，我因为年龄、性别、个人阅历的关系，实在无法获得准确而完整的体验，所以只好忍痛放弃。也有时候，采访到一个好素材，创作欲望强烈，可是工作生活中的诸多杂事琐事又让我不能马上动笔，结果放置一段时间之后，无论如何再也找不回那种冲动了，只好放在一边，有时写好一半被迫放下了再捡起来，写完它，总觉得是狗尾续貂。更让我遗憾的是，一些后来得到的题材比前面写成的同类题材要精彩得多，却因为内容的重复只好放弃。

再有，作家也是普通人，无论你多么热爱创作，创作也不可能是你生活的唯一和全部，你的创作也一定会受到生活中其他事情的干扰，会受到人生际遇的种种冲击和影响。在那五年多的时间，在单位里，我独自承担了两次创刊的任务，一次是《少年大世界》中学版，一次是《青少年科苑》。白手起家、从零开始的压力和艰辛,不是亲历者,可能永远也无法想象。在创办《青少年科苑》的时候,我在短短半年时间里,体重下降了十多斤。那几年,我连年被评为团市委系统的先进工作者,但工作的辛苦付出,也确实让我在那段时间里无暇顾及其他,文学创作几乎陷于停顿的状态。

而在这五年间,最沉重的打击,是父亲的去世。

看不见太阳的早晨

父亲是在1992年的体检中查出了肺癌,手术后,身体恢复得不错。2001年,父亲在体检时,被发现有胸水,进一步检查的结果,已经是肺癌晚期。

这是父亲上大学时拍的照片

父亲毕业于北京理工大学,1960年分配到了大连理工大学(当时称大连工学院)任教。也就是在那时,他与在理工大学读书的母亲相恋,并且结婚成家。后来大连大学成立,父亲调任大连大学的电子系主任,并兼任计算中心主任。

父亲长得非常英俊,是公认的美男子,年过半百的时候,还

1984年的全家福

常常被人误认为只有三十多岁。父亲在年轻的时候拉小提琴、滑冰、游泳、打排球，爱好众多，身体强健。在我的印象中，在被查出患癌之前，父亲几乎没有生过什么病，一次医院也没有住过。

父亲是典型的中国式的知识分子，正直善良，勤奋坚韧，一生抱定"只可人负我，不可我负人""宁肯自己麻烦十分，也不给别人添一分麻烦"的处世态度，从来不会与人计较，只会以德报怨。

父亲的知识学得非常扎实，在我上中学学习化学元素表的时候，当时已经四十多岁并且二十多年没有接触过化学基础知识的父亲给我背诵过元素表，竟然一字不差。我当时惊讶得几乎说不出话来。父亲对待工作，不论是科研还是讲学，都一丝不苟。我见过他的备课本，上面用正楷写的钢笔字，工整得几乎像印刷品。

父亲在家里是个好丈夫，好父亲。父亲去世后，母亲曾经对我说过，她这一辈子忙忙碌碌，遭了不少罪，吃了不少苦，唯一觉得欣慰的是，找了父亲这样一个好丈夫。因为母亲在企业工作，定点上下班，而父亲不坐班，所以家里的许多事情，都是父亲在操持。

父亲的手很巧，家里任何用品，大到电视机、洗衣机、自行车，小到手电筒、雨伞、塑料鞋，几乎没有他不会修理的。我中学时代的一只台灯，就是父亲用一只铁罐头盒子做底座、一根铝管做灯柱、一张薄铝片做灯罩，自己设计制作的，样子非常有创意，非常前卫，一点儿也不比外面卖的差。家里的烧水壶漏了，本来应该换新的了，但是父亲发现市场上卖的水壶容量不是大就是小，就自己找来铝板，只靠一把铁剪子和一把小锤子，敲敲打打，就换好了坏掉的壶底，并且特意把壶身加高了一块，使水壶的容量正好可以灌满家里的两只暖水瓶。那只改造过的烧水壶又用了好多年，直到父亲去世，因为把手坏掉了，才被放弃。

我记得上高中的时候，曾经跟父亲发生过一次辩论。那次外面下雨，我的雨伞坏了，就随手丢给父亲。这在我已经养成了习惯，只要有东西坏了，甭管是什么，交给父亲就好。可那一次，父亲破例数落了我几句，大意是，这么大的人了，什么都不会，手笨得跟蹄子似的，将来独立生活的时候该怎么办？我不服气，说，你不管我，我就花钱找人修呗，修不了就扔了，花钱买新的！现在社会分工越来越细，一

2000年，父母亲在星海公园，那张石凳在三十几年前见证过他们的爱情

个人只要有一个专业就行了，都像你这样，什么都会干，你还让别人怎么活？父亲被气乐了，说，你小子，将来就知道了，生活中许多事情，不是都能用钱解决的！我耍赖说，我手笨得跟蹄子似的，那也是因为你太能干了，你把什么活都干了，什么都不用我干，我自然手笨如蹄。

我说的是实话，因为父亲太能干了，所以我和弟弟到了三十多岁，有大事小情，还是习惯于去找父亲，让他解决。可是在父亲病重的那最后一年里，我不得不重新定位自己在家里的位置，开始充当起顶梁柱的角色。

被判定为肺癌晚期之后，父亲显然已经对自己的病情有了充分的思想准备。他更担心的，是母亲。那一年多的时间里，他前前后后住了七八次院，一开始还让母亲去探望他，到后面几次，就干脆禁止母亲去医院。他跟我说，你妈妈身体不好，感情又比较脆弱，让她看见我在医院里的样子，她会受不了的。我的病，你就多操点儿心吧。

这是父亲病重那年夏天，我陪着他到夏家河子游泳。那是父亲最后一次下海

话虽这么说，当我跑前跑后、疲惫不堪的时候，他又心疼得要命。记得最后的三四个月，因为病灶遍布整个肺部，父亲的呼吸越来越困难，得靠吸氧来缓解症状。在医院住院的时候还好说，可医院有规定，每次住院时间有限制，两次住院之间的间隔，就只能回到家里。那时候，还没有上门送氧的服务。看着父亲呼吸越来越困难，我去给他买了一只钢制的小氧气瓶。每次小氧气瓶里的氧气用完之后，我就拎着氧气瓶去医院找朋友充气。那时候没有私家车，出租车又不好打，我就去挤公交。我家住在白云新村的山上，从公交车站走上山，要上许多台阶，再加上我们家住在六楼，每次充气，我都得拎着很有些分量的氧气瓶上下相当于十几层楼的台阶，回到家的时候，常常累得浑身湿透，气喘如牛。父亲心疼我，就尽量忍着，能少吸一口就少吸一口。有一次，我看见他又喘得厉害，可看了一眼氧气瓶，就把目光挪开了，努力平复急促的呼吸，忍着不去吸氧。这情景让我泪如泉涌，但我没有去劝父亲，而是悄悄躲开了。

当天，我就去找了医院里的朋友，让人家冒着风险，帮我偷运了一只医院用的那种大氧气瓶回家。可是父亲还是不肯多吸，直到最后一次入院，再没有回家，那只氧气瓶里还剩下一多半的氧气。

在去世前两天，父亲已经全身浮肿，说不出话来了。他看着我，示意我给他找来纸笔，拼尽全身的气力，写下了几个歪歪扭扭的字：别再花钱了。

我永远也无法忘记父亲去世的那天凌晨。头一天我在医院里看护父亲，晚上本来打算交给雇来的陪护，我回去休息。可不知道为什么，我走出医院的大门，却又折了回来，一直陪在父亲的病床前。第二天凌晨，我眼睁睁地看着父亲在昏迷中咽下了最后一口气。那一天，是2002年1月23日。直到十年之后，我才有勇气在一篇文章里写到了那个看不见太阳的早晨。我写道：那一天，已经三十四岁的我才真正长大成人。

母亲听到噩耗，赶到医院，一下子就昏倒在父亲的床前，立刻被送进了抢救室抢救。那一刻，我突然意识到，此时最重要的，是要照顾好母亲，陪着她一起度过这个艰难的时刻。我顶着压力，擅自决定，不把丧讯马上通知海城的伯父和叔父。母亲这边的长辈们提醒我，我只是一个晚辈，这样做将来有一天会受埋怨的。但我坚持己见。因为我知道，如果通知了伯父他们，他们一定要赶到大连奔丧，那样母亲就必须要出面接待，以母亲现在的身体和精神状况，很可能会承受不住那样的见面。父亲临终时，最牵挂的就是母亲，叮嘱我一定要照顾好她。不管别人说什么，我相信，父亲在天有灵，也一定会理解我的做法，而伯父他们，也一定会原谅我的擅作主张。

可是，我仍然低估了父亲的去世对母亲的打击。父亲走后，母亲的身体和精神都几近崩溃。在那半年时间里，母亲经常会毫无征兆地生病，或是腹泻不止，或是高烧不退，后来又出现腿脚的运动障碍，好几个月无法下床。医生的诊断是精神打击太大，药物治疗只能是被动地缓解症状，想彻底扭转病情，只能企盼着她的精神状态早日好转。看着母亲久病不愈，我甚至悄悄地给弟弟打预防针，要他有思想准备，如果老天爷不可怜我们兄弟俩，我们就有可能会在失去父亲之后，又紧接着失去母亲。

那段时间，我把几乎所有可以自己支配的时间都用来陪伴母亲。我劝慰她，失去父亲，我也很难过，可再难过，活着的人还要继续活下去。母亲摇着头说，那不一样，你现在已经长大成人了，失去了父亲，就像是失去了一棵遮风挡雨的大树；而我和你父亲早已经变成了一个人，他一走，我就等于失去了半条性命。靠半条命活着，能活下去，是一种幸运，活不下去，也很正常。

那时候，母亲经常在半夜醒来，一个人悄悄落泪。有一天夜里，我从梦中醒来，发现母亲打开窗户，趴在窗前，那时候天还很冷，可她似乎浑然不觉。见我醒了，她对我说，儿子，我心里堵得难受，像要爆炸了一样。我说，要是能喊出来，你是不是能好受一点儿？母亲点点头，说，我想喊。于是，凌晨一点钟，我带着母亲爬到小区里一个远离建筑的小丘上，六十多岁的母亲放声大喊，直喊到声音嘶哑，泪水流干，浑身无力为止。

谢天谢地，母亲终于挺过了那段难熬的时间，勇敢地开始了新的生活。

给老妈过生日

"坐享其成"

2003年9月，《轰然作响的记忆》由中国少年儿童出版社结集出版。当时有好几家出版社在争取这本书，有的还开出了非常优厚的版税条件，但我还是选择了中少社，因为《儿童文学》就隶属于中少社，而这本书的责编汪玥含就曾经是我在《儿童文学》发表作品的责编。这种选择不仅仅是因为一种默契，更是因为一种深深的感情。

2004年春天，《轰然作响的记忆》在北京召开了研讨会。整个研讨会从发起、筹备到召开，完全都是由赵郁秀老师和中少社来主持和完成的。现在回想起来，心里真是充满了羞愧之情，那分明就是我的事情，而且对我而言，是件不小的事情，而我当时的心情和表现，简直就是一个旁观者。赵老师让我做什么，我就做什么，没让我做，我就不做。可我都做了点儿什么呢？我所做的唯一一件事，就是邀请了我的好友、大连少儿图书馆的副馆长邓少滨先生作为嘉宾，陪我一同进京参加了座谈会。剩下的，都是当时已经七十一岁的赵老师和中少社的老师、朋友们在张罗。如果说，要在中国儿童文学界设立一个"最坐享其成奖"的话，我肯定会当仁不让地成为获奖者之一。

研讨会开得非常成功。与会的，有在儿童文学界赫赫有名的师长、前辈，还有成人文学界的大家。他们中的一些人，特别是成人文学界的几位老师，我虽然久仰大名，但都是第一次见。可是，他们对我、对《轰然作响的记忆》的关注，却让我始料不及。许多前辈不但在会上做了专题发言，而且还写出了几千字的评论文章。他们的关注和肯定让我受宠若惊，又倍感自豪。在京的许多全国性的媒体也都对研讨会给予了关注和报道。当时就有许多人跟我说，这一届的全国优秀儿童文学奖，你很有希望！我很感谢大家对我的看好，但说心里话，当时我并没有多少激动和向往，我甚至对全国优秀儿童文学奖以及获得了这个奖意味着什么，都没有什么清楚的概念。

2004年11月的某一天，我接到了责编汪玥含的电话，她告诉我，《轰然作响的记忆》在第六届全国优秀儿童文学奖的评奖中获奖了！我记得自己在电话里对汪玥含表示了感谢，但从语气上说，似乎还没有汪玥含更兴奋和激动。

年底，我飞赴深圳参加了第六届全国优秀儿童文学奖的颁奖典礼。在这次活动中，我又结识了许多儿童文学界的老师和朋友。他们中竟然有不少人知道我和我的作品，这让我很是自豪和感动。

中国作协给我的获奖评语是：

　　年轻作家刘东经过深入采访，从中学生的现实生活中选取了一些值得人们思考的深层次问题，再用虚实结合的手法写成了本书中的使人感到震撼的作品。

　　这部纪实性的小说集第一个特征是揭示了中学生们关心的深层次问题，他们的生存状态，他们遇到的不被人重视和理解的遭遇。第二个特征是通过书中中学生的遭遇写出他们心中的苦闷、看法、感受、痛苦和欢乐。也正因为这样，这些作品打动了读者的心，引起了强烈的反响。第三个特征是这些纪实小说的叙述方法、作品构架都很有新意，作者尽力使作品充满悬念，增强了作品的可读性。

回连之后，大连市文联也为我和另外两位艺术家一起举行了一个表彰会，会上还给我们发了奖金。

在这之后，我的生活重回日常轨道，每天上班、看书、写作。荣获全国文学最高奖对我的影响，好像也就到此为止了。可没想到，事隔大半年，有一天，我突然接到通知，让我到市文联去一趟。我以为又是开会之类的事情，可到了之后，时任大连市委宣传部副部长、大连市文联主席的张玉珠先生告诉我，文联为我申请的奖金下来了，让我来签收一下。我一愣，脱口就问了一句，不是给过我奖金了吗？张部长就笑了，说，奖金还嫌多呢！

原来，我获全国奖的时候，大连市还没有专门的奖励规定和条例，那三千块钱的奖金，是从文联的办公费用中硬挤出来的。转年，也就是2005年，著名作家素素老师喜获鲁迅文学奖，为此，文联特意跟市里申请了一笔奖金，并且由此设置了大连市对荣获全国大奖的艺术家的奖励机制和标准。虽然我和素素老师所获的奖项同为中国作协的最高奖，在时间上也属于同一届，但因为全国优秀儿童文学奖公布和颁奖比鲁奖稍早一些，所以就造成了文联提前奖励了我，但我却没能赶上市里重奖的情况。这事有人告诉过我，可在我看来，这很正常。人生中的许多事情，都会有一些阴错阳差，不值得遗憾，更不值得因为这种事情而心理失衡，所以，我从来没有为这件事情找过任何人和任何组织。而这份奖金，是张部长和文联特别为我申请下来，并且补发给我的，事先并没有人跟我透露过，我毫不知情。

拿着那两万块钱，我的手里和心里都沉甸甸的。轻易不会语塞的我，一时之间，除了谢谢，竟然真的不知道该说点儿什么了。张部长说，祝贺你获得的荣誉，这是你该得的，我平时也喜欢挤出一点儿时间进行一点儿文字创作，深深地知道，作为一名作家，要想获得全国文学的最高奖，有多么不容易，需要付出多少心血和努力，你为大连争得了荣誉，这只是大连给你的一点儿掌声和鼓励！

我在这里特别提到这件事情，绝不仅仅是因为那笔奖金，而是因为透过这件事情，让我感受到了大连这座城市对作家、艺术家的真诚和尊重，也让我真切地认识到了，我的文学创作并不是我一个人的事情，在我的身后，还有我们这座可爱的城市。

这些年，我的创作之路一直在延伸，在拓展。文学创作在我看来，就是不断地接受新的挑战，也不断地收获新的惊喜。我陆续创作出版了长篇小说《无限接近的城市》《非常琳妹妹》《镜宫》《兄弟》《我爸我妈的外星儿子》《双拼宝贝》，中短篇小说集《快闪异族》《湖蓝色的水晶杯》《当电脑爱上你》等作品，并多次获得各种国家及省市级奖励。

特别幸运的是，这一路走来，我不但在文学创作上遇到了许多值得尊敬的前辈和师长，得到了他们无私的帮助和扶持，在工作单位也同样得到了领导和同事们的关心、理解和支持。每当我有外出学习和参加各种文学活动的机会，需要向单位请假的时候，从未遇到过任何阻碍。我先后参加过在辽宁文学院举办的辽宁省首届新锐作家班，和在鲁迅文学院举办的中国作协第

在鲁迅文学院学习

六届全国中青年作家高级研讨班的学习。这两次学习机会都是脱产性质的，很多作家虽然非常想参加，但却因为在单位请不出假来，而只能忍痛放弃；甚至有作家已经参加了学习，却因为工作单位的压力，不得不中途退学。而我不但顺利地请了假，还受到了单位领导的热情鼓励。这么多年来，我从来没有因为参加文学活动请假而被单位扣过一块钱的工资或者奖金。宣教中心的王凯主任在单位是一位精明、敬业的领导，而在生活中，则更像是一位宽厚、亲切的兄长。如果我有一段时间没有推出新的作品，他甚至会亲自过问，督促我，提醒我要继续努力，不能放松，更不能放弃。

2007年上半年，大连市作家协会进行了换届选举，我当选了大连市作家协会的副主席，成为主席团中最年轻的副主席。这也使我有机会跟大连文学界的精英们有了更多相互接触和了解的机会。特别是素素大姐，她的学养，她的气质，她的风度，都令人着迷。在成为作协副主席之前，我与素素大姐有过一次交往。那一次，是单位派我去大连日报社联系一件事情，那时候素素大姐还在日报社工作，这也是我印象中我们的第一次见面。听我自报了家门之后，她非常热情地说，我知道你，你的小说写得很好！我很意外，因为当时我还只是一个年轻的文学新人，默默无闻。

我对素素大姐是久仰大名，但想不到，她不但知道我的名字，还了解我的不少情况。后来，素素大姐亲自委派了一名记者到我们单位，帮助我完成了单位交办的事情。多年之后，有一次我跟她提起这件往事，她却已经不记得了。后来交往多了，我才知道，素素大姐对文学新人、对于热爱文学的年轻人的帮助和扶持，从来都是不遗余力，充满了真诚和热情的。随着自己年龄的增长、阅历的丰富，我越发地感受到，作为一名成名的作家，作为一名文学前辈，这种真诚和热情是多么难得，多么值得敬佩。

说到对我的扶持和帮助，还有一个人是不能不提到的，那就是著名的儿童文学作家车培晶老师。因为都从事儿童文学创作，我和车老师交往的时候比较多，不但在市内能经常见面，还经常一同外出开会、讲课、参加活动。车老师对文学的热爱和不懈的追求，对人的真诚、热情和善良，都是我学习的楷模。车老师以

在辽宁作协会议上与张玉珠部长（右二）、素素老师（中）、田来老师（左二）、陈昌平老兄（左一）合影

前是一名老师，所以当我跟别人介绍说，这是我的老师——车培晶老师的时候，许多人还以为车老师以前教过我，我是他的学生。对此，我从不解释，更不否认。因为说心里话，车老师教给我的，恐怕比教给他的学生们的还要多；而我心中对他的尊敬和感谢，也绝不会比他教过的学生少。

从2005年开始，我成为了辽宁省作协第五、第六、第八、第九、第十届签约作家。

2008年，我成为大连市享受政府特殊津贴的专家。同年，我成为北京奥运会火炬手。还是在这一年，我成为辽宁省宣传文化

香港采风

随辽宁签约作家去漠河采风

2008年，任奥运火炬手

与中国作协主席铁凝合影

系统"四个一批"人才。

2011年，我成为国家一级作家。

2013年，我兼任了沙河口区作协主席。转年，大连市作家森

随辽宁省"四个一批"人才在遵义会议会址参观

林在沙河口区新希望社区成立。在筹备过程中，我尽了自己的一点儿微薄之力，与此同时，也亲身感受到了文学在这座美丽城市中所释放出来的越来越大的能量。

2014年，我荣获第十三届大连市文艺界最高荣誉"金苹果"奖终身成就奖。

傻人傻福

说起来，我的文学创作之路，从一开始，似乎就走得比较顺畅。上高中时就发表了小说处女作，从二十几岁开始了真正的文学创作。到了三十六岁，我就获得了中国文学界的最高荣誉，在文坛拥有了自己的地位和影响力，也算得上是顺风顺水。但是与此同时，我的个人生活却历经了一些曲折和坎坷，以至于到了三十多岁，还是一枚王老五。

二十几岁，我还在靠开专栏的稿费为生、以赢得征文比赛的奖品为乐的时候，就曾经有一个女孩子想和我谈婚论嫁。那个女孩子很可爱，我们算是很亲密的朋友，但不算是男女朋友。我们经常在一起聊天、逛街，但并没有正式谈恋爱。有一天，我们一起去看一场球赛的时候，她忽然对我说，不然，我们俩结婚得了。我愣了一下，觉得她是在开玩笑。但她说，我是很认真的，我觉得你这人不错，真不错，你不是也觉得我挺好吗？我说，是呀。我答应她，回去考虑一下。

回家之后，我把这事跟父母亲汇报了一下。因为谈恋爱可以自己谈，但涉及结婚的事情，必须要让家长们先知道一下。结果我被父亲当头打了一棒子，他甚至都不曾问问那个女孩子的情况，就一口否决了。父亲说，结婚成家，是要负责任的事情，你现在连个正式工作都没有，挣的稿费就算可以养家糊口，但是太不稳定，这种情况下，你拿什么负起这份责任？我当即气馁。我那时虽然年轻，但是对婚姻对家庭的观念却是绝对传统的，所以死穴被父亲一戳即中。可是，我不知道该如何回复那个女孩子。好在，她也没有再提起过这件事。后来，她去了外地，我们也就失去了联系。时至今日，我也无法了解她提议结婚的时候，是怎样的一种状况和心态。

当了编辑，有了正式的稳定的工作之后，我正儿八经地谈了一场恋爱，耗时费心，但那段感情最终却无疾而终，还不曾走进爱情的坟墓，就已经死在了踌躇的路上。这个时候，我已经年过三十。

2003年，我买了新房子。装修完毕之后，打算把母亲接过来，和我一起居住。我的这个决定，惹来了很多朋友的强烈反对。单位的一位老大哥为此还专门找我谈过一次话。他问我，你是不打算结婚了？我莫名其妙，怎么会呢？他说，那你干吗把你妈接过来一起住？她不是有住房吗？我说，那没办法，我妈那个人，如果你丢下她，让她一个人生活，恐怕她会活得很郁闷，甚至活不了太久，我总不能为了自己将来的婚姻，就把亲妈丢下不管吧？老大哥摇摇头，说，我是过来人，知道这其中的利害，我劝你还是再想想吧。现在的女孩都"胆小"，没人敢一结婚就跟婆婆一起住。

我不为所动，按自己的计划做了这件在我看来必须做，而在许多人看来是犯傻的事情。可傻人有傻福。没过多久，我还就真遇到了一个"胆大"的女孩。

她叫丁红梅。第一次见面，我的感觉很好。她端庄秀气，温柔典雅。唯一让我有点儿担心的，是怕她太过端庄了。凡事不能太过，女孩子太端庄了，就可能发木。我不怕那种冷冰冰的女孩子，就算你是一块冰，只要我喜欢，我也可以把你暖化了。可如果你是一块木头，摸上去不像冰那么冷，但却是永远也无法融化的，这个就比较麻烦了。好在，我很快就发现，她并不是一块木头，也不是一块冰，而是老天爷为了补偿我，送给我的一块宝石，美丽，珍贵，无价。她散发出来的光芒，将为我的余生提供无穷的热情和动力。

婚后，我们一直跟我母亲一起生活，直到2012年年底，我母亲去世。在这六七年间，我们夫妻俩还吵过两次嘴，但是她同我母亲，却连一次脸都没有红过。我们俩出去玩，只要是母亲想参

和妻子在东京湾

加能参加的，我们一定会带上她。三个人一起逛街的时候，都是婆媳俩挽着手一起走，我在后面跟班。我们俩出去买东西，她一定会先问问婆婆有什么想买的，如果有，到了商场，一定会先把婆婆

在海南，与母亲、妻子在一起

需要的东西买好，拎在手里再逛。母亲几次住院，她忙前忙后，悉心照料，白天上班，晚上去医院陪护，从来没有因为任何理由缺席过一次。因为我们的经济情况相对好一些，所以母亲住院的费用绝大多数都是我们出的，她从来没有任何怨言，也从来没让我因为这种事情为难过。

2007年春天，她提议我们带着母亲一起去海南度假。母亲一开始有些犹豫，我追问她原因，她也含糊其词。红梅就提醒我，母亲可能是怕跟着咱们出去不方便，给咱们添麻烦。这样吧，你去问问小姨，能不能跟咱们一起去，也能给老妈做个伴。就这样，我们带着母亲和小姨一起去海南住了一周。那是母亲第一次坐飞机，也是她最后一次出远门。转过年来，母亲就因为冠心病做了支架手术，再也无法承受远途旅行了。

2012年年底，母亲因病去世。从2002年年初父亲去世算起，我和母亲整整相依为命十一年，失去母亲的痛苦，几乎让我无力自拔，也无处躲藏。我是一个很少流泪的人，但每一次整理母亲的遗物，我都会无法自抑地痛哭一场。每一次走进母亲的房间，

我的心都会疼得一抖，似乎连呼吸都因那种疼痛而停止。

随后的整整一年时间，我只字未写。许多个夜晚，我都会梦见母亲。每当我在夜里惊醒，总会有一双温柔的手，安抚我那颗因为疼痛而悸动的心。我无法想象，如果没有这双手的扶持和抚慰，现在的我活在这个世界上，将会多么孤独和凄凉。

2015年7月1日，第十三届大连"金苹果"奖的颁奖典礼在大连海事大学举行。"金苹果"奖是大连市文学艺术界的最高荣誉，也是一项终身成就奖。而这个奖项对我而言，与其说是一个总结，不如说是一个新的起点更准确，就像这部自传一样。

走出颁奖大厅，午后的阳光热烈而醇厚。不知为什么，我的脑海里突然跳出了一个陌生的组合词：午后青春。古人言：人过四十天过午。可我总觉得，对于四十七岁的我而言，前面还会有一段更美好的青春岁月在等着我。我会努力前行，去拥抱那段注定会更加精彩的午后青春。

在"金苹果"奖颁奖会上

慧眼识珠

刘东所有的文学上的努力，在于指出成长的不易、理解的不易，然而他不畏艰难地要书写人心、书写人性，令人信服地发现了从隔绝到了解、从了解到理解、从理解到和解这样一个心灵过程。因而他的作品有一种外冷内热的气质。

刘东的儿童文学创作
——对成长的想象和发掘

○ 李东华

打开青少年成长中的沉默地带

刘东从1995年在《文学少年》发表短篇小说《老人·孩子·魂斗罗》开始,至今已经出版和发表了各类儿童文学作品四百万字左右。

刘东的作品,无论是小说还是童话,都执着地关注少年儿童的心灵成长,尤其是在成长小说的写作方面,他所达到的深度和广度,让他在儿童文学界拥有了不可替代的一席之地。关于成长小说,苏联著名文艺理论家巴赫金在《教育小说及其在现实主义历史中的意义》一文中做了系统阐述:"它塑造的是成长中的人物形象。这里,主人公的形象不是静态的统一体,而是动态的统一体。主人公本身的性格在这一小说的公式中成了变数,主人公本身的变化具有了情节意义。与此相关,小说的情节也从根本上得到了再认识、再构建,时间进入了人的内部,进入了人物形象本身,极大地改变了人物命运及生活中一切因素所具有的意义。

这一小说类型从最普遍的含义上说，可称为人的成长小说。"刘东的成长小说正是这样的，他笔下的人物性格总是动态的，在不断成长，而人物性格的变化也总是情节不断前行的最大的推动力，因而他的小说结构总能够和人物的成长融洽地对接在一起，有一种既逻辑严密又跌宕起伏的美感。

　　刘东的小说虽然故事性很强，但这并不是他的着力点，他的兴趣在于开启青春期埋藏在内心深处的秘密，以及这些秘密是如何成为了成长的节点，让青春就此秘不示人地拐了弯，走向了另一个方向。他一直努力用自己的作品打开青少年成长中的沉默地带。这个"沉默"在这里有双重的含义。首先，在刘东的笔下，成长是有难度的，是艰辛的，而很多成长的秘密不为成年人所洞察，因而缺少情感的抚慰和精神的引领，处于青春期的孩子往往关闭了自己的心灵之门，变成了一种"沉默"的状态。从另一方面来看，中国的儿童文学创作一直有诸多禁忌，不管现实生活中的青少年内心世界有多么动荡起伏、暗流汹涌，在我们的儿童文学作品中依旧是一片阳光灿烂，无论是有意的粉饰还是无意的忽视，都造成了传统的儿童文学写作在这一领域的"沉默"。刘东打开了在传统儿童文学写作中往往止步不前的对青春期成长中的沉默地带的发掘，他力图用文字照亮那些不可言说的童年和少年的精神世界里的幽暗角落。短篇小说《沉默》是其中比较典型的一篇。大学生林樨被同学们认为是沉默寡言到了像石头和混凝土的程度，然而他内心却埋藏着不为人知的秘密：高中时他是个喜欢捉弄和嘲笑别人的人，因为他的爱开玩笑，失去了游泳池管理员的信任，当他的朋友宋长威不幸溺水失踪的时候，他求助于管理员，让他放干游泳池的水，管理员却不相信他的话，从而拖延了救助的时间，最后宋长威没能被救活。好朋友的意外身亡让林榫从此像变了一个人一样，从像拼命乱叫的蛙和蝉变成了像石头一样沉默的人——他顿悟了，然而这样的成长却是以朋友的生命和自己永远无法摆脱的内疚之情为代价的。

注重真实的小说写作

刘东的小说注重真实性。这一点在他的短篇小说集《轰然作响的记忆》中有着鲜明体现。这是一部采访小说集，由十二个短篇组成。这些短篇从1998年到2004年长达七年的时间在《儿童文学》杂志上在头题佳作的位置连续刊出。作品题目均为两个字：《沉默》《颤抖》《长裙》《游戏》《孤旅》《死结》《房子》《蝴蝶》《朋友》《祸事》《契约》和《下课》。这是作者在这七年之中采访了几十位二十岁出头的年轻人，请他们回忆自己在中学时代最刻骨铭心的真实事件，以及这些事件的经历是怎样改变了他们的一生，并在他们的人生路途上发出持久的回响。作者从珍贵而庞大的素材中选取了最不同凡响、最具青春期典型意义的十二个感人至深的故事，将其写成了一个系列的"采访小说"。"采访小说"让这些作品具有了非虚构的成分，这些小说所采取的叙事策略，固然缘于素材得自刘东的采访，这和他的记者身份有关。这种介乎于报告文学与小说之间的文体，曾经因其难以被传统文体归类而引起评论家们的热议，也因其形式的新颖和意蕴的深刻而在广大中学生读者中引起了极大的关注与轰动。但从另一个层面来看，刘东是如此强调这些小说真实的一面，在每篇小说后面都附了采访手记，我想是因为他想强调，书中那些少男少女所面临的形形色色的困惑、他们的倾诉，不是缘于虚构，不是危言耸听，而确实是这些初涉尘世的少男少女们真实的经历和感受，由此，这些小说就更具有了振聋发聩的作用。

刘东的作品还充满了内省的气质和批判的审视，这种内省和审视甚至到了自我拷问的程度。内省和审视往往让他的目光不是停留在事情的表面，而是努力要寻找到事情的真相。在《沉默》的采访后记中，他这样写道："在我看来，林樨的这个故事就像是一棵枝叶稀疏却形状独特的树，深入到土层下面细细地去触摸它的根须，远比为它的枝头挂上些绿叶更有意味。"穿透皮相，直达本质，这是刘东小说的深度所在。在《沉默》中，刘东的反思没有停留在林樨的恶作剧所造成的悲剧这个层面上，他继续追问林樨喜欢恶作剧和讽刺挖苦他人的性格是怎样形成的。小说没有给出答案——小说的任务不是给出答案，而是引领读者去思考。

刘东开掘的这个地带有时候很难用"善"与"恶"、"对"与"错"去简单地盖棺定论，他的独到之处在于他努力去开掘青春成长中难以把握难以命名的部分，因而他的作品就呈现了在儿童文学创作中少见的复杂性和丰富性。

让迷茫的心灵找到出路

刘东的成长小说虽然关注了青春成长中残酷的一面，然而他的初衷依然是给这些处于迷茫中的心灵找到走出迷宫的路。总之，刘东的小说展现了这样一种努力，那就是人与人之间的沟通与理解是否能够成为一种可能。他的小说探讨了关系——儿童和儿童之间、儿童和成人之间、儿童和世界之间的种种关系，这些关系在初始的时候几乎都是紧张的，但历经一段曲折的心路历程之后，这些关系将达成和解，与自己和解，与他人和解，与世界和解。

刘东所有的文学上的努力，在于指出成长的不易、理解的不易，然而他不畏艰难地要书写人心、书写人性，令人信服地发现了从隔绝到了解、从了解到理解、从理解到和解这样一个心灵过程。因而他的作品有一种外冷内热的气质。他总是努力帮助读者更好地完成自我的成长。他的作品的外在表情虽然是冷峻的，但我们依然能够在这种冷峻之下看到一颗炽热的滚烫的心。

刘东是一位文体意识很强的作家，他的文字呈现出一种男性的、硬朗的、冷峻的风格，同时，他的童话中也有热闹的、幽默的、轻松的另一种风格。然而从整体上来说，他的文字是偏冷色调的。当然，这种冷不是冷漠的"冷"，而是冷静的"冷"，一种和一切肤浅的、热闹的、皮毛的东西保持距离的审慎的态度。

因而刘东的创作是有深度的，他的作品不是讨好和迎合读者，他总是对商业化写作保持足够的警惕。这样的写作在以作品的销量论英雄的氛围中，也许是寂寞的，比如像《镜宫》，我觉得这部小说没有得到应有的关注和凝视，它对中国成长小说写作的意义没有得到应有的重视。但就我个人的感受而言，我依然期待着刘东能够沿着《轰然作响的记忆》《镜宫》这条路走下去，因为我觉得这里面有属于他的独特发现，有属于他自己的独有的艺术价值，因为这样的作品是能够拓宽中国儿童文学的高度、厚度和深度的作品。

（作者系《人民文学》副主编）

沉重的飞翔
——评刘东的系列采访小说《轰然作响的记忆》

○ 孔凡飞

拜读刘东的系列采访小说《轰然作响的记忆》是在那个飞雪漫天的日子。不知道为什么，读刘东的这部作品，我对生命有了这样的一种感悟：其实每个人在成长的过程中都不是平淡的，对于生理的成长来说，那或许只是从出生到死亡这样的一条直线发展的过程；而对于精神的成长来说，它应该是一种飞翔的姿态，应该有飞翔高空的快意与振奋，也应该有徘徊低空的无奈与坚强。我们能读出作品中每一位主人公在精神成长上飞翔的沉重与艰辛。在这些故事的背后，我们能感受到一个人从少年的纯真走向青年的成熟所经历的精神炼狱！

一、告别年少，走向成熟的"心理仪式"

刘东在这部"采访小说"中，讲述了十二个少年亲身经历的成长故事。在这些故事中，作者为读者塑造了一串鲜活的、处于少年向青年迈进这个特定时期的人物形象，讲述了一个个生动而感人的故事。在他们各自特殊的经历中，让那些度过了青春成长岁月的读者重新感受成长的艰辛，这些读者可以自豪地说：我们挺过来了；让那些未曾或正在走过成长岁月的读者体会成长的沉重，这些读者应该自信地说：我们会努力穿越！

我们知道，在一些民族，为了确认一个人从儿童走向成人，往往会用某种象征性的仪式表达成年的意义，因此，这种行为被称作"成年仪式"或"成年礼"，比如"割礼"。其实，在一个人成长的过程中，那些触动心灵的大的事情，对一个人从少年状态进入成人状态往往起到至关重要的作用。这些重大的事情，在某种义上来说是比"割礼"这种仪式还要更让人刻骨铭心的！也许对于身体上的伤口来说，时间会将一切抚平，而那些震撼心灵的事件，将是伴随一生的永远的记忆。

仪式，是文化人类学研究领域中的一个传统的话题，在其研究视野中，仪式往往作为一个社会或是社会成员生存状态和生存逻辑的凝聚点存在。人类学家常用"仪式"这个词来表示"受规则支配的象征性活动，它使参加者注意他们认为有特殊意义的思想和感情对象"。（保罗·康纳顿，《社会如何记忆》，上海人民出版社）同时特纳也认为，仪式也是一种调整的手段。从这些意义上来讲，我们认为，在成长的过程中，那些使自身受到很大触动的事件，都可以称之为"仪式"，是自己成长中从一种状态进入到另一种状态的"象征"。可能这些"仪式"并不需要像"成年仪式"那样需要有很多人在场，也不需要以某种很"实物化"（如穿上有特别意义的衣服、割掉包皮等）的方式来证明确认，而只是作用于个人的内心世界。因此，我们将这样的事件称作心灵成长中的"心理仪式"。

每个人在成长的过程中或多或少都会经历这样的"心理仪

式"，或者叫作青春期的"秘密"或者"隐私"。可能是因为这个时代有太多以"某某隐私"为题材的哗众取宠的成人文学，所以，在读这部《轰然作响的记忆》的时候，我是小心翼翼的。然而读完之后，我除了感动之外不知道还能说些什么。因为，这部作品是如此真实地再现了一个人从少年到成年成长中所经历的沉重与艰难，在作品中，作者将故事讲述得如此纯净与深沉。因此，我觉得这不是一部简单的文学作品，而是一份青春过往的记录，是一份心灵成长的真情告白。

对于书中的十二位主人公来说，这些促使他们从少年走向成年的"心理仪式"是不同的。每一个故事对他们来说都是刻骨铭心的，如同作品的题目，这些在他们的心灵深处，都是"轰然作响的记忆"。

《沉默》中的林樨之所以从不停聒噪的"一只雨后的蛙、午后的蝉"变成一块"干透了的混凝土"，是因为宋长威在游泳池中的溺水而亡，那曾经让林樨颇为得意的讽刺与挖苦别人的本领，变成了他求告无门的阻碍。正像看守游泳池的老头说的那样，"如果换了一个人跟我说，也许我早就把水放了"。林樨转变的代价是沉重的，因为，这是一个人用生命换回来的，这是一种沉重的"心理仪式"。《颤抖》中的姬晓晨终于战胜了心理上的障碍，克服了左手颤抖的毛病，勇敢地面对生活，正如她自己说的"颤抖可以使生命更坚强"。《长裙》中李瑶与同伴的实验，无意中激起了一个看起来并不优秀的男生肖晓峰青春的希望与尊严，然而，李瑶又在无意中扼杀了肖晓峰的希望与尊严，在肖晓峰的"溺水"事件中，李瑶明白了太多东西。《游戏》中的于小然为了报复父亲的离婚再娶，给父亲新的婚姻添了很多麻烦，这第二次婚姻又失败了，父亲从此失去欢乐，以大量的工作排遣内心的寂寞，最后，父亲英年早逝，对李瑶的心灵产生了极大的触动。《孤旅》中的李城、《死结》中的郭培军、《房子》中的顾凯、《蝴蝶》中的单平波、《朋友》中的李楠、《祸事》中的杨静、《契约》中的张蔚、《下课》中的曲宾，在他们各自告别年少、走向成熟的特殊时期，这些事件就是他们成长岁月中的"心理仪式"，我想这是比"割礼"更让人感到疼痛的。

故事是沉重的，而作者在创作这部作品的时候也是沉重的，刘东在书后有这样一篇关于创作这部作品的文章，题目叫作《再也不写这样的东西了》，可见他在创作时的艰难。然而真的不再写了吗？其实，刘东也不知道，正如他说的"以后再也不写这样的东西了！可说完了又觉得心虚，我真的能做到吗？"（刘东，《轰然作响的记忆》，中国少年儿童出版社）或许在很多人看来这是一个"快餐文化"的时代，然而，具有使命感的作家，他们依然在沙漠中寻求精神的绿洲，关注人类灵魂的归宿。刘东就是一位这样的作家。

二、在传统中开拓

刘东说，"轰然作响的记忆"系列像一个"四不像"。他自己将其定义为"采访小说"。在文体综合的时代，这种大胆的创新无疑是可贵的尝试。别林斯基说，艺术越接近它的某一界限，就会出现一片融合的区域。（引自蒋风编《儿童文学原理》，安徽教育出版社）刘东将带有虚构性质的小说手法与尊重事实的纪实文学相互融合，从而使这部作品有了很多新的、耐人寻味的东西，这对于一个作家来说，无疑是一个挑战，这也应该是刘东在创作上的一次"沉重的飞翔"，否则这部作品从最初的创意到成书时间不会长达七年之久。

　　对于刘东在作品形式上的创新，很多人已经做了很有力度的评价，对这一点我是赞同的。但是，我同时觉得，这部作品除了在文体上的创新之外，在本质上更具有中国文学的传统特点，这表现在作品的叙述方式上。作品采用了"讲述"的手法，而且是第一人称的讲述。这样的讲述不仅增强了作品的亲历感，同时也超越了纪实文学第三人称讲述的模式，将作品从那种在外围讲述别人经历的距离感中脱身出来。作家的初衷是好的，也正因为如此，这部作品用"中学生口述实录"加以标识。

　　我认为，在人的讲述过程中，因为一个人的学识、修养等诸多方面的原因，每个人的讲述风格应该是有区别的。而这部作品中十二个主人公有不同的生命际遇，在他们的讲述中也应该呈现不同的话语风格。然而在阅读中，我却发觉作品中人物的讲述口吻竟非常相近，而这"相近"是来源于作家刘东的一种很个人化的讲述风格。但是，我一直固执地认为，既然是"口述实录"，为什么在作品的讲述中不能有"真我"的声音呢？这样不是更能增加作品的"亲历感"吗？也就是说，如果，一个读者只是看其中的一篇作品，还无法猜度主人公的讲述风格，或许不会有任何感觉。但是，如果读者耐心地读完这部书，他自然会有这样的疑问，为什么作品的讲述风格如此相似？而所谓的第一人称的讲述即所谓的"口述实录"是否值得信赖？这可能有一种"鸡蛋里挑骨头"的刻薄，但是，作为一种创作，而且这种创作可能还要继续，为什么不尝试着做得更无可挑剔呢？

　　当然，造成这样的感觉，可能是与作家选取的角度和叙述的语言有关。而且，据我所知，这些作品的素材大都是走过了青春岁月的朋友提供的，以"过来人"的身份来面对过去的事情，或多或少都会有一点儿相似的叙述风格和讲述语气，也就是所谓的"曾经沧海难为水"吧！就好像我们面对落霞满天的黄昏，那暖暖的温情会让我们产生很多美好的回忆，回忆的内容可以千差万别，但是，有一点是一样的，那都是——回忆。尽管，在叙述风格上有那么一点点相近，但是，却并不妨碍作家对作品主人公的塑造，他们有的比较成熟，有的比较单纯……正是这些不同的主人公的内在性格，才使得这十二个故事各具神采。

说这部作品是传统的，还在于每篇作品的结尾都有一个类似创作手记的东西，真实地告诉了读者哪些地方是虚构的，同时也将作者的创作感觉倾诉出来。这些无疑起到了导读的作用。这不禁让我想起了《史记》《聊斋志异》等一些古典作品的创作，这些作品在每篇结尾的时候都有作家本人的一些记录，都有画龙点睛的妙处。刘东继承并发展了这一点。在现在的很多文学作品中很难看到这样的写法了。而刘东能够这样做，则体现了作家的独到之处，虽不是首创，但是，却显示出新意。而且我认为，刘东的这些类似创作手记的东西是非常精彩的，他的每一段记录都是这篇作品的精魂，如《沉默》的创作手记中有这样的一句话："有时候，人的某些经历就像是一条荆棘丛生的路，即便只是用记忆的双脚重新走一遍，也会留下一路血印。"《死结》的创作手记中有这样一句："假如青春是一条绳子，不小心打了一个结，没有关系，只要你拿出足够的勇气、时间和耐心，总可以解开的。而一旦你因为绝望或者冲动，拿起剪刀剪掉了，也就真的把它变成了一个永远都打不开的死结——因为那根绳子已经被你毁掉了……"类似这样的精彩感悟，在他的作品中俯拾皆是。从这些"记录"中，我们能再次感受到刘东这位有责任感的作家那颗真诚而执着的心。

对刘东的每篇作品的题目很感兴趣，我不知道作家是有意还是无意，他的十二篇作品的题目都是两个字，如《沉默》《房子》……这是否也印证了刘东本人是一个很尊重传统的作家？在这里他讲究的是中国传统文学艺术形式的整齐与对称美。所以，我认为，刘东是一个在传统中寻求突破的作家，他应该是很有潜力的。

完成这篇评论的日子，是冬去春回的时刻，坐在办公室暖融融的午后的阳光中感受着生命中所有的美好与不美好。其实，每个人在成长的岁月中都会经历一些不愿向人提及的故事，也就是那些可以被称作"秘密"或"隐私"的"心理仪式"。所以，我非常感谢刘东，是因为他的独特创意，才会有这些精彩的心灵成长的记录；非常感谢提供这些经历的作品中的那些真实的主人公，是他们的倾心奉献，才有了这样一段段的真实的心灵告白。这是作家与"当事人"的精诚合作，正是有了这些美好心灵的参与，才使所有的读者，那些曾经走过青春岁月的、那些正在或者未曾走过青春岁月的朋友，都在艺术的时空中共同走过"雨季"。青春并不只是七彩的虹，在绚丽的彩虹出现之前还有风雨……

（作者系沈阳化工大学人文与社会科学学院副教授、硕士研究生导师）

成长的自审与文化品格的塑造
——论刘东的儿童文学创作

○ 张学昕　吴宁宁

　　成长是儿童文学一个重要的创作母题，因此，从某种意义上来说，儿童文学可以理解为"关注儿童成长，表现儿童成长，有助儿童成长"的文学。上海学者刘绪源曾经谈到儿童文学有三大母题：大自然，母爱和顽童。其实这三大母题都离不开"成长"这一中心，"大自然"是儿童成长的自然环境，"母爱"是儿童成长的人文环境，而"顽童"是儿童成长的天性，"成长"是儿童文学的元主题！只有通过对儿童成长过程中的生命内蕴和精神特征予以深刻的观察体验，才能对其身心成长的秘密及其生存体验做出刻骨铭心的探索和表达。我以为，刘东就是这样一位有志于描摹并传达少年儿童生存密码及其成长体验的作家，他始终努力地通过写作追问着成长中的种种生命经验对于生命个体精神成长的重要意义，以此实现成长过程的心灵探微与灵魂自审。同时又因为他的探寻坚守着以儿童为本位，并且将儿童的人性价值融入成人的世界中，追求着成人与儿童之间的相互赠予，从而使他的小说既肯定了童年生命的价值，又实现了对成人文化的引导与塑造。

一

　　人作为一个生命个体的成长，通常包含着身体的成长和精神的成长两个方面，如果说，身体的成长因为大同小异而显得平淡无奇的话，那么，精神的成长则因为它的姿态万千而彰显了生命的神圣与瑰丽。精神的成长刻写了人生最真实的足迹，只有对精神成长中最深刻记忆的探寻才会触摸到一个人心灵的内在质地。虽然这种记忆往往都是痛苦的、青涩的，但也正是这份沉重的压力成全了灵魂的自审与精神的飞翔。刘东的长篇小说《情感操场》与系列采访小说《轰然作响的记忆》，就以这种独特的方式和充分的想象力，反映了一群年轻的生命在成长过程中从纯真少年走向成熟人生所经历的精神炼狱与残酷自审。

　　实际上，成长中的人生经历往往会影响甚至决定一个人的一生，这其中有着命运的偶然与微妙，更有着人自我意识的茫然抗争。而且无论岁月怎样流逝，生命呈现怎样的流向，它都会横亘在我们的内心深处，无法磨灭。因为，它带给我们的是穿透灵魂的深深自省。这两部小说的叙述对象是初高中生，演绎的或者是校园里青春期的故事，或是成年后对少年时代所经历过的刻骨铭心的往事，诠释"成长"的主题，披露少年本真的生命轨迹。《情感操场》以蒋格任、肇驰、李诺三个高中生为核心讲述了他们怎样在成长中一步步开始走向自我的人生选择与价值确认的历程。蒋格任被迫转学到青立高中后，又遭遇了爱情的挫折，但是通过与高叶子等贫困学生的接触逐渐改变了他散漫的个性，并开始学着独立把握自己的生命航向；肇驰的足球梦想竟无意中掺杂进了感情与利益的重负，经历了自我调整与适应后，终于在足球队复杂而艰苦的环境中找到了自己的生命坐标；李诺经历了母亲的车祸、父亲的再婚后，心里充满了痛苦与自卑，后来转学到重点高中后在宋薇的支持和帮助下终于走出了自卑的阴影，共同以全部的精力迈向高考。小说最后以《情感操场》这首散文诗作为小说精神内蕴的诗意表达：

  没有太阳，没有月亮，也没有星光。你独自在操场上跑着，脚下却分明踏着两个人的脚步。那是谁？是谁在黑暗中伴着你？

  没有风，没有雨，也没有声音，可是心与心却在彼此呼应。那是谁？那是谁在寂静中唤着你？

  情感的操场上，你以为自己是个孤独的长跑者，其实你并不孤独；情感的操场上，你觉得自己不堪重负，其实你只是无法负担自己的心……

  成长中的生命都渴望着情感的支撑与陪伴，那是因为成长的路像长跑的操场一样漫长孤寂。但是，从本质意义上来讲，每一场精神的炼狱都只能由生命个体来独自承担，别人是根本无法帮助和替代的。但是，成长中的生命又从来不会孤独，因为他们的身边有着千万个同样的生命在相同的跑道上前赴后继，彼此鼓励，彼此见证，心心相印。《情感操场》是一种对少年生命的精神守望与温暖抚慰，更是一种意味深长的呼唤——呼唤着成长中的少年勇敢而坚强地冲破困扰自己精神的樊篱，塑造承担自我的力量，不要害怕孤独、绝望，因为这一路上始终有真挚情感的惺惺相惜。

而同样讲述成长之中精神炼狱的系列采访小说《轰然作响的记忆》，则是以刚刚成年的眼光对少年时光的回首与抚摸，小说讲述的是那些青春的躁动与迷茫依稀尚存的年轻人铭心刻骨的年少记忆和成长中的精神蜕变，更能引起震撼人心的情感共鸣及有关生命的深度思考。《沉默》中的林樨，因为自己的诳语胡言失信于人，致使同学宋长威错过了被挽救生命的机会，也使自己从一只聒噪的蛙变成了一块沉默的混凝土；《颤抖》中的姬晓晨在青春遭遇的惶惑与失衡中经历了自我精神的放逐，但是她终于在崩溃的边缘重新找回了自我，战胜了心疾，并领悟到"颤抖可以使生命更坚强"；《朋友》讲述了青春友情的脆弱，或许美丽的东西总是易碎的吧，然而在主人公的心目中它的圣洁与纯粹却是无法改变的心理暗示，造成了她心中无法弥补的遗憾与折磨；《契约》中女孩以她年少的纯洁与真诚写下了青春的契约，却换回真情的失落、他人的误解，这甚至幻灭了她的大学梦；《孤旅》中的"我"在亲情与金钱的撕扯中承受的心灵包袱，终于在亲人的爱与包容中得到了释放与平复……这些真实的故事对青春的精神成长做了最厚重、最深刻的注解。

这一声声由不同的心灵跳动构成的"轰然作响"给我们带来生命责任的追问，它以少年人和成年人相结合的观照方式使我们真切感到成长中的苦涩、绝望和无奈，使我们对青春的经历有了多维的解读与理解。生命中有些东西是无法预计和难以避免的，很难去归结为某一方面的原因，这就是成长所要付出的代价。尽管有时这个代价很大，甚至会改变我们一生的命运，但是，我们都无法去苛责什么，只有承担——承担起生命的遭遇，承担起自我！而且从长远的角度看，有些苦难在岁月的沉淀后也许会成为一种恩赐。

二

我以为，真正的儿童文学不仅仅要体现对儿童的理解与尊重，更重要的是要探寻和发现儿童生命中珍贵的人性价值，从他们的原初生命状态中肯定他们自身存在的价值，并自觉地将成人世界融入其中，以保持和丰富整个人类人性中的可贵品质。因此，儿童文学的写作不但是成人对儿童生命的留恋和他们对童年经历的回归，而且是成人和儿童直接的对话与交往。在这个充满活力、充满生机的文学世界里，儿童体验着童年生命的快乐与痛苦，也接受着成人的文化期待；而成人在其中重新被唤醒遗忘的生命本真。从这个意义上讲，儿童文学的写作不仅仅是一个文学问题，也是一个文化问题，一个有关儿童生命价值确认与成人文化塑造的问题。

试想，生活中我们重视儿童的成长教育，大都是因为他们是未来的建设者和世界的真正主人，其指向无非就是成人社会，但却忽略了儿童时代自身作为一个生命阶段，其自身的非凡意义和价值。卢梭认为，儿童之所以重要，不是因为儿童仅仅是实现目的的手段，而是因为儿童本身就是重要的，儿童时代绝不仅仅是迈向成人的一个台阶，而是具有自身的价值，儿童代表着人的潜力的最完美的形式。蒙台梭利在说明儿童的自我建设过程时也强调，在出生之前，儿童已经具有了自己内在特定的心理发展模式，包含了其未来发展的预定蓝图。我以为，相对于胚胎，儿童已然是一个生命的成体，但是，这一成体还没有因为社会化而脱离本真的状态，因此儿童这一漫长的成长阶段寄托了生命更多的本质与真相。在西方，自进入现代社会，"发现"儿童以后，"儿童"就成为社会思想的宝贵资源。从"发现儿童"的卢梭到认为"儿童是成人之父"的华兹华斯,从在"快乐原则"与"现实原则"间做犹疑、痛苦选择的弗洛伊德,到将儿童命名为"本能的缪斯"的布约克沃尔德,从通过"童年"建立"梦想的诗学"的巴什拉,到把儿童尊奉为哲学家的费鲁奇……每当这些思想者面对人类的根本问题时,总是通过对儿童的思想研究,寻找着走出黑暗隧道的光亮。因此童年生命的价值尤其是其精神价值是应该得到充分肯定与重视的。刘东的《轰然作响的记忆》就在这方面做出了可贵的探寻。他将儿童精神成长的可能状态与生命存在方式做出了一些尝试性的描摹,并试着对他们命运存在的可能性做出追问,这在中国当代的儿童文学写作中是极为难能可贵的。

此外,儿童文学不仅应是属于儿童的文学,而且还应该是唤醒、引导成人的文学。儿童生命中有着很多珍贵的人性价值,比如真挚的情感、丰富的想象力、旺盛的生命力等正是成人所缺乏的。儿童文学是大巧若拙、举重若轻的艺术,但是,中国的很多作家没有举起儿童文学的思想和艺术的力量,其根本原因在于,当代中国,"儿童"还没有成为成人社会的思想资源。由于人类目前非但没能解决成人自身童年乐园的丧失问题,反而又造成了儿童自身的"童年的消逝"。中国自觉的儿童文学,作为文学的一脉分流,迄今已走过了百年历史。在儿童文学创作相对繁荣的当下,我们也不能不承认,中国儿童文学因为缺乏自己比较独特的文化品位与个性体系,与世界儿童文学创作的整体水平相比还有一定的差距。我们觉得,真正的儿童文学应该具备一些最基本的标准:第一,应该是现实与理想生活的结合;第二,要注重对儿童的生命关怀及精神哲学的探索;第三,应该有文学性和独创性；第四，应该有心理学和审美学的意义；第五，应该体现出当代生活的时代感与精神特色；第六，应该试图超越儿童文学本身的意义限制，追求一种沟通成人世界与儿童世界的文化建构。还有，也是最为重要的，要追求从事儿童文学写作的平静如水、超越功利、富于责任感和使命感的创作心境。

三

　　创作无疑是具有强烈主体性的审美观照、感悟、沉思与内省，所以文学写作体现了作家自觉的创作理念。作品内容无论多么忠实于生活或还原生活，都离不开作家的主观情感与意念。因此，某种程度上来说，创作是作家个人的心灵历险，是作家借用艺术形式而表达的对世界对生活对自我的热情对话或孤独言说。读刘东的小说，我们有这样一个感觉，那就是他有强烈的主体意识，他是一个颇为自信、很有才气的作家，他力图调动自己的全部才情对少年世界进行历史的、现实的、个性化的洞烛幽微的观照和书写。所以，刘东的写作，始终致力于以人文精神为基础关怀儿童生命的存在状态。无论是纪实小说，还是他的童话小说《称心如意秤》《蚂蚁》等都在幻想的王国中张扬着儿童自我存在的价值，沟通着成人与儿童之间的精神对话。

　　另外，儿童文学的幻想性和自由性，是儿童文学中不可或缺的诗学特征。现代心理学认为童年时期是一个充满压抑感和焦虑感的困惑时期，最让儿童感到压抑和焦虑的就是他发现自己所处的世界是以成人为主宰的世界。面对成人的世界，他们经常会感到自己的无所适从和无能为力，因为他们的本性处处都会碰上来自成人社会的压制与约束。虽然，这种约束从整个社会发展的角度看或许是合理的，它是成人和成人社会对儿童所进行的一种必然和有益的社会化过程。然而，对孩子来说无疑是一种痛苦与残酷。为了释放自己受压抑的情绪，儿童需要一个宣泄自己的途径，这就是自由的幻想。幻想着他们具有非凡的超然力量，幻想着生命的谜题能够在自己的手中迎刃而解，尽管这些幻想有些夸张、漂浮，但是在幻想中他们却表达了自己对生命的理解，投射了自己真实的成长体验。在小说《称心如意秤》中，曲小洋拥有一个能够测量话语重量的宝物，表达着孩子对人间情谊与人际关系进行辨别的好奇与渴望。但是，如意秤虽然能够称出话语的重量，却难辨真伪，更多的时候，需要用心去感受，识别他人话语间承载情感的真实程度。在这个过程中，曲小洋学会了与人情感的沟通与交流，明白了内在的真诚比表面的奢华更为重要与可贵，并找到了自己做人的方向。由此，这个以幻想为主旋律的童话实际上寄托着孩子在亲身经历中自我心灵成长与价值建构的主题，深刻体现了刘东在创作中的精神取向与人文自觉。

　　文学性与纪实性相结合的小说创作，更是刘东艺术实验上的精神自觉。《轰然作响的记忆》这部系列采访小说以原生态写作的姿态将儿童文学的写作引入了新一维的空间。报告文学式的小说创作使小说的阅读更具现场感与真实感。同时，作家似乎有意地以探险的姿态，对传统的儿童文学进行艺术改造，突破过去儿童文学以"童心""童趣""儿童生活"作为创作基点的模式，而将读者的视线引入到更为厚重的生命深度中，让他们在感受生命存在多种可能性的同时，实现对人类本性的寻找和对人类诗意地栖居的考问。这一艺术上的实验，无疑开启了儿童文学与成人文学的沟通，在儿童与成人之间建构起了一个公共的审美空间。

美国文化学者玛格丽特·米德，曾将文化的传播途径分为前喻文化、并喻文化和后喻文化，认为"前喻文化即它所保留下来的内容，至少绝大部分对于当代人和他们数千年前的祖先一样，具有同等的效力"，也就是说，在这种形式的文化里，子代完全接受亲代的价值规范，并将其保存原样传递给下一辈；并喻文化则是指"长辈在某些方面仍然占据着统治地位，他们为晚辈的行为确立了应有方式，界定了种种限制，年轻人相互间的学习是不能逾越这些行为的樊篱的"，这就意味着在并喻文化里，儿童文化受到相对限制，在一个有限范围内展现群体个性和对于传统文化的反叛。由此看来，21世纪的儿童文学写作虽然拥有比以往更广阔自由的历史文化环境，却依然摆脱不掉对历史与传统的承续。上一辈的文化积淀与内外部多种力量交织而成的张力锻造着儿童文学作家们的心智人格和行为方式。如何在历史文化积淀与当代精神特质的碰撞与融合中，创造更符合当代儿童精神哲学的儿童文学，使他们在阅读中既能承继历史情怀，又能感知当下生活；既能自由地放飞梦想，又能直面现实的真相；还要从儿童文学应有的文化身份出发，使它具备以下精神品格——爱心与友谊，人文关怀精神；本然而率真，诗意的栖居；自由与平等，独特的文化价值——即本真而深刻的故事氛围，诗意而自由的梦想塑造，平等与独立的文化价值的建构与张扬。这无疑是当代儿童文学作家们应该努力的方向，尽管任重道远，但是，值得欣喜的是，我们在刘东的写作实践中看到了希望的光芒。

（作者张学昕系辽宁师范大学文学院教授）

成长的故事与青春的隐秘
——论刘东的儿童文学创作

○ 李蔚超

作为文学之一种，儿童文学应当是最有分量的写作，因为作品关乎人的成长和发展。儿童文学作品必须要有教育意义，叔本华在谈到教育的功能时说："教育的关键在于从正确的一端开始认识这一世界。"（叔本华，《叔本华思想随笔》，韦启昌译，上海人民出版社）儿童文学阅读作为早期启蒙教育的形式之一，就是要提供给孩子"正确的一端"。所以，从功能的角度讲，儿童文学绝对不是"小儿科"，好的儿童文学作家堪比"人类灵魂的工程师"。最近阅读大连儿童文学作家刘东的作品，这种感觉愈加强烈。当下的儿童文学创作面临着一种特殊的分化，一部分作家转到了儿童畅销书的写作上，所谓"畅销书"写作，是那种迎合了少儿趣味和市场效益的写作。少儿趣味本无可厚非，但如果与市场效益结合起来，尽管巧妙地利用各种教育元素进行伪装，其教育意义仍然十分可疑。儿童文学之所以与书写成人世界的文学作品有所区别，就在于儿童文学必须是用儿童易于接受的方法，传达人性中最基础的、最普遍的道德价值观念。曾获第六届全国优秀儿童文学奖的作家刘东多年来始终保持着创作的能量和质量，他的作品不但坚持了儿童文学的优良传统，我从中更看到了创新，而且这种创新不是对儿童文学向市场分化的迎合，而是对儿童文学审美和教育特质在新时代的坚守。他的大部分作品与时代紧密结合，以纯文学的方式反映青少年从"前青春期"到青春期这一阶段人格、心理和情感成长的历程，用经验和想象的双重审美建构起崭新的、具有时代特征的青春和成长的世界。他用文学的手段窥探青春的秘密，度量青春的宽度和成长的幅度，在较大程度上丰富了当下的儿童文学写作。

书写成长故事：自我成长与他人关怀

"成长"是儿童文学的立足点和出发点，同时也应当是归宿，儿童文学写作应当围绕成长进行。显然刘东对此有独到的理解，所以在他的作品中，我们感受到最大的力量也是关注成长。他的写作从儿童生活本身出发，写儿童和青少年的成长历程，描摹他们的内心世界，寻找促使他们获得人生蜕变的内因和外因。但作者不写人物从小到大的纵向成长史，不局限于为典型儿童形象"立传"的线性书写，而是抓住成长中的时间或事件节点，以发散性的视角书写"前青春期"和青春期的激情、躁动和迷茫。刘东的多部作品由此展现青少年逐渐成长的自我意识和对世界、对生活本身渐行渐近的人生追问。

《兄弟》是一部包含强烈情感和艺术感染力的成长小说，它写了一对孪生兄弟与爷爷相依为命，孪生哥哥常平平与残疾弟弟常安安生活上互相照料，精神上互相鼓励，共同面对孤独、贫穷和疾病。常平平的女同学张晓雨生活在一个父母离异后重新组合、生活条件优越的家庭中，她与父母产生了矛盾，离家出走后住到常平平家。张晓雨目睹了常家兄弟二人的贫困生活及亲密关系，被他们家庭中朴素的温情所感动。回家后张晓雨向妈妈讲述了兄弟二人的情况，妈妈也深受感动。张晓雨与父母的关系发生根本转变，同时他们纷纷投入到对常平平和常安安的帮助中来。在大家的关心下，常安安也和正常孩子一样成为一名小学生。作品在温馨的氛围中展开叙事，传达出动人的感情。以此为主基调，作者从常平平的视角入手，讲述他们如何通过应对复杂的生活难题，在艰难中获得成长的力量。在情节推进中，作者有意加入了对儿童的生活习惯和人格养成的教育元素，而通过带领常安安到高楼看堵车这件事，也起到了引导残疾孩子了解社会的作用。特别是小说中张晓雨这个与兄弟二人对立设置的人物，更在其中进行着现身说法般的成长引导。《兄弟》是一部针对小学年龄段孩子创作的小说，它完全抵制了"类型化"对儿童文学写作的影响，用丰厚、饱满的生命和情感体验实现着对读者潜移默化的成长教育。

　　刘东的另一部小说《无限接近的城市》写了一个逃离与回归的故事。人在青春期的"壮举"之一或许就是曾经有过"逃离"的念头和行动，或者说，这也是人的成长中不可缺少的一环。与那些惯常书写青春叛逆、逃离父母的管束不同，刘东写了少年穆小田因为打架被父亲从农村转学到城里的故事，他是一种被动的

"逃离"。但是，穆小田却主动为自己的逃离寻找了一个理由：他隐约感到了父亲和母亲之间异常的平淡，怀疑在城里经商的父亲另有新欢，于是将揭开谜底作为任务。在寻找的过程中，他不但未能揭开心中的谜团，反而看到了人与人之间扑朔迷离的关系，而他与那个一起长大的女孩林霜之间的关系也变得复杂起来。母亲病故了，他试图回归故乡的愿望落空了，并在与父亲经历生死考验的"电梯惊魂"中重新认识了父亲。面对纷繁的现实，穆小田无限接近那个城市，但敏感的自我意识却告诉他自己仍然未曾抵达真相，一个十六岁少年在"迷茫而执着、脆弱而倔强"中进行着坚毅的成长。这部作品还通过穆小田如何正确处理与网络朋友的关系，向少年儿童传达了一个解决成长困惑的方式，颇具积极的现实意义。电脑网络已经深深影响了当下少年儿童的生活，而沉迷网络也给孩子们的健康成长造成了不少危害。穆小田将生活中遇到的困难向网友"乐不可支"倾诉，并渐渐形成依赖，当他试图约见网友时，同龄网友的母亲为迷惑的他们指出了出路："以后不管你们如何交往，都不准影响学习成绩，也不能影响郁晓（郁晓是一个跆拳道队员）的训练。"这样的处理是对小读者的规劝性设定，显示了作品的教育意义。

　　成长是人类个体生命中的永恒主题，但唯有青春充满矛盾与美好的成长才如此迷人。也正因如此，除上述作品外，在小说集《抄袭往事》和采访小说集《轰然作响的记忆》，甚至幻想题材的《快闪异族》《镜宫》等作品中，刘东笔下的成长故事都格外动人。但是，青春不是毫无约束的自由烂漫，成长也不是没有规矩的肆意生长，作者在作品中设定着节制青春的方式，即成长主题是与成人和社会的关怀联系在一起的，青春正是在自我成长与他人关怀的"角力"中展现着生命的嬗变。而这种关怀又有双重含义，既有呵护与关爱，也有规范和约束。父母是关怀的最经常和直接的施予者，社会是潜移默化的外部力量，而刘东认为更重要的是同龄人之间的互相扶持。作者在《兄弟》中着力渲染了爷爷、张晓雨的妈妈、郭叔叔、保安叔叔等对常平平与常安安兄弟二人的关怀，正是在这种关怀中，成长中的少年们得到了精神的指引，并激发出内心的自我约束。作品中人物性格的形成和行为方式的转变，都是因为受到正确的教育和引导而做出的自我修正和自我完善，而不是外力的强制性的扭转。《抄袭往事》《轰然作响的记忆》中那些同学间的关心和鼓励，《无限接近的城市》中林霜与穆小田、穆小田与网名叫"乐不可支"的郁晓之间的交往，都为我们呈现出同龄孩子之间珍贵的关怀力量。

体恤畸形家庭孩子的怕与爱

读刘东的小说，我一直有这样的感受：他似乎在有意以那些非常态家庭的孩子作为书写对象，以表现他们异于同龄人的成长方式呈现对青春的特殊关注。社会学中关于家庭的定义是这样表述的："家庭是一个由于家世、婚姻或收养联系在一起的人组成的比较持久的群体，这些人共同生活，并组成了一个经济单位，他们中间的成年人要对小孩子负责。"（[美] 伊恩·罗伯逊，《社会学》，黄育馥译，商务印书馆）这一定义强调了家庭中成年人对小孩子的责任，即便不上升到学理层面，仅以人之常情来论，家庭的破裂或者家庭成员之间情感及关系的变故，直接影响的就是无辜的孩子。或许正是看到了非常态的、畸形的家庭对孩子的伤害，才使刘东以此为视角，切入青春的内部，去感知成长中的痛楚。

长篇小说《镜宫》中的主人公南海生活在一个单亲家庭，母亲在他很小的时候就因意外去世，他只得与父亲共同生活。好在"父亲就从来没有动过他一根手指"，"父亲是个很自信很骄傲的人，他不会让自己唯一的儿子觉得，他作为父亲的威严仅仅是体现在他的拳头上"。而刘东为南海的父亲设置了更加悲苦的出身，以至于南海无从享受隔代的爱抚："南海的父亲南疆是个孤儿，南海母亲的家人都在外地"，"所以南海从小对爷爷奶奶的概念就很陌生，也无从体验那种祖孙之情"。《镜宫》是一个带有《爱丽丝漫游奇境记》般奇幻想象的故事，主人公的单亲背景是否是他与镜中人物替换身份，实现对未来人生预演的必然结果？似乎这种联系牵强了些，但毫无疑问，南海的家庭背景直接影响了他在镜里镜外的行为，他敢于闯荡，做事有分寸，甚至能够以经理的替换身份管理酒店并进行情感选择，超常地拥有成人的经验。《镜宫》关于"帮助每一个热爱生命、尊重生命、寻找生命真谛并与镜宫有缘之人发现新生命、感受新人生"的宗旨说明，直接诠释了南海对个人生命和自我意识的觉醒，而这种觉醒在现实中最早应该是在与家人的相处中获得的，很显然，南海的这种条件并不充分，他只能求助于镜中世界。

刘东在《镜宫》中还塑造了另外一些有着畸形家庭出身的人

物。被南海在镜中替代身份的酒楼老板刘玉亭的父亲死于一场车祸，而同样被他替代身份的先心病患者赵永新的父亲则去向不明，他们都只在妈妈的护佑下成长。而在其他作品中对畸形家庭孩子的关注，再一次表明了刘东对这些特殊孩子的关照。《兄弟》中的孪生兄弟遭到离婚的父母遗弃，因此他们从未享受过同龄孩子正常的亲情，依靠爷爷拮据的收入过着贫苦的生活，他们因为一根香肠、一个鸡蛋而互相推让，在城市物质生活并不匮乏的时代阅读这样的情节令人潸然泪下；曾经的"问题少女"张晓雨也是一个离异家庭的孩子，妈妈带着她与带着男孩张龙龙的张叔叔重新组织了家庭，而张龙龙的亲妈妈则是在国外因车祸身亡的，张龙龙完全蒙在鼓里，一直相信妈妈在异国工作。在《无限接近的城市》中，穆小田虽然有一个形式上完整的家庭，但是母亲在乡下，父亲在城里，两人感情淡漠导致家庭失和；而林霜也在一个离异的家庭中长大。在《抄袭往事》中，《鸟儿在天上》里的迟落、《金鱼》里的林纷，都身处离异的家庭，林纷甚至因为转学得不到母亲的理解，最后绝食而死，这是正常家庭不应该有的悲剧。在《轰然作响的记忆》里，《朋友》中的杨玲身处离异家庭，《契约》中的张蔚则"六岁的时候母亲病死了。八岁的时候，父亲也死于一场意外。从此一直跟着奶奶生活"。可见，书写畸形家庭中孩子的故事是刘东作品的一大特色。

每个孩子都渴望拥有幸福的童年，而家庭的完整理应是父母给予孩子最基本的伦理契约。然而，生活常常不可预测，无数畸形的家庭给敏感而脆弱的孩子们带来了难以估量的心灵创痛。刘东对这样的孩子格外注意，对他们倾注了更多的人文关怀。一批在畸形家庭中成长的少男少女形象在他的作品中呈现出来，他们倾诉着内心的烦恼、伤痛与困惑，他们在刘东建构的或真实或奇幻的世界中度过自己磨难重重的青春时光。但是，那些鲜活可爱的孩子们从不曾被苦难征服，在自我奋斗、朋友互助和社会关爱中迎来了飞扬的青春，每一个人物都充满活力、朝气，永不气馁，永不服输，永不向命运低头。不难看出，作者对这些孩子的命运心怀同情和怜悯的同时，更多地表达了对他们尚未成熟的精神和心灵的默默关爱。这种关注本身体现了刘东对人生和生命的悲悯情怀，也是他所坚守的文学姿态和立场。

观照青春世界的隐秘伦理

尼尔·波兹曼在《童年的消逝》中说，随着光电技术的发明，印刷文字所形成的对儿童的隐秘世界已经荡然无存，成人的一切已经向儿童敞开，人类的童年已经慢慢消逝。网络时代已经让这种担忧完全变成了现实。但是，作为重要的人生阶段，在人格、心理和人际交往圈子方面，"由于他们被与其他年龄组的人隔离开来，因此往往会形成自己的亚文化，有着可能与成人社会不大相同的规范、价值标准和态度，有时甚至达到造成'代沟'的地步。"（[美] 伊恩·罗伯逊，《社会学》，黄育馥译，商务印书馆）这种与成年人隔离开来的、或者对立的心理和情绪态度始终是他们悄悄携带的秘密，这种秘密可以表达为隐秘的青春伦理特质。刘东在作品中对此的观照，体现出处于青春期的青少年对世界的特殊认知。而作者也有意在作品中加以正确引导，让秘密随着成长转化为积极的人生力量。

首先是男女之爱的懵懂幻想。作者在题为《幻想爱情》的《快闪异族》后记中说："青春年少，最喜欢做的事情之一，就是幻想；而青春幻想中最重要的主题之一，就是'爱情'。用幻想的手法来描写爱情，是这本书的一个特征。"随后，作者又强调这些文章"虽然题材、内容、风格各有不同，但都是与'爱情'有关的，是一些'类爱情'故事。"（刘东，《快闪异族》，少年儿童出版社）爱情在作为儿童文学出现的青春写作中，一直是个隐晦的话题，在此意义上，刘东写的少年爱情具有突破性。少男少女开始对爱情进行懵懂的幻想，是他们进入青春期的主要标志之一，而他们形成的特殊伦理关系，是友情也是爱情，又都不纯粹。中篇小说《快闪异族》中，符远和方瓶儿在一场舞会中相识，性格各异的他们通过"快闪游戏"产生情愫；《眠梦岛》中的小木因为一场偶然的相遇恋上一个女孩，并因她而离开奇妙的眠梦岛。小说传达了爱情中信任的力量，"在这个世界上，总有一个可以让你无条件相信的人"。《海从前》写一个歌迷晓衣遇到了歌手杨帆，他们彼此倾慕，演绎着试图在时空中延展的爱情故事。懵懂的爱情幻想是贯穿刘东青春写作的基本元素，但是我们在作品中看不到任何超越年龄、道德界限的肉体、欲望之爱，甚至男女之间情感的嫉妒也只不过是"朦胧酸"，此时的爱情天然、纯洁、羞涩，正是人间最美的情感。

其次是建构青少年与成人社会的和谐伦理关系，这种建构是通过主人公在成长过程中与家庭之外的成人世界的联系来实现的。《兄弟》中常平平带弟弟常安安到高楼上去看堵车，结识了在楼上办公的郭叔叔和楼下的保安，他们帮兄弟二人实现了愿望，其中郭叔叔还通过捐款的方式，让慈善基金会为常安安治病；而康复中心的徐医生也为常安安做康复治疗提供了最大的便利。《抄袭往事》中的学校和老师，《无限接近的城市》中穆小田父亲公司里的员工，《镜宫》中主人公南海进入镜中生活的世界，以及被替换身份的人在现实中，彼此都在另外一个身份的生活中得到了很多人的关爱和帮助。在刘东的作品中，除了《镜宫》中那个做假冒商标的人以及《无限接近的城市》中那个疯子之外，我基本上看不到负面的、邪恶的人物，商人、警察、教师以及普通劳动者，他们都有着善良的品质，有着乐于助人、乐善好施的高尚情操。不难看出，作者不想让青春掺杂过多的复杂成分，而是试图给孩子们一个美好的期待，在复杂的社会中为孩子们保留心灵的净土，作者同时也在用文学表达个人对社会的朴素理想。我知道，作品中的世界并不符合社会的完整面貌，美化成人社会的写法常被人斥为主题和人物上的单调。完美的事物固然会有单调的可能，但那又何尝不是我们内心向往的呢？"让孩子更好地适应社会"这样的说法其实是一个伪命题，孩子的成长本身就是对社会的适应和融入，同时每个个体无论以何种形式进入社会都将是对社会的丰富。从这个角度上说，刘东的写作是更为积极地建构一种青少年与成人世界的沟通桥梁。

（作者系鲁迅文学院教学研究部助理研究员）

我家有位作家刘东

○ 丁红梅

认识刘东以后，就一直在看他的作品。可以说，读他的小说，让我更快更多地了解了他这个人。不过，那时候阅读他的作品，并没有增强我跟他继续交往的决心，而是反过来，有所消弱。因为我看的第一部他的作品，就是那部《轰然作响的记忆》。在我这个普通的阅读者看来，那样的文字太冷峻也太沉重，让人看后不由得会变得心情压抑，而压抑的心情对谈恋爱显然没有什么帮助。好在，生活中的刘东总是阳光灿烂的，是个不折不扣的乐观主义者，而且很善于把乐观的心情传达给他身边的人。

结婚以后，我就一直是他的第一个读者。这是我在结婚之前曾经争取过，但没有争取到的"待遇"。据说，每一个写作者都会有自己的一些习惯。原本他的习惯是，作品在没有发给编辑、没有变成铅字之前，从不示人。我曾经问过他，这是不是跟很多女生在没有化好妆之前绝不会出来见人的道理是一样的，结果却

刘东 ｜ 棒棰岛·「金苹果」文艺丛书

在台湾的太平洋海岸

被他不客气地嘲笑了一番。我不服气，并不以为我的比喻有什么不妥。刘东说，这当然不同。化了妆的女生展示给世人的，不过是一副"肤浅"的妆容；而一个作家的作品展示给世人的，是绝对深刻并且真诚的灵魂。妆容的成败只取决于看上去的美与丑；而作品的成败则取决于读过之后可以与多少灵魂相连相通。所以，没有最终完成的作品拿出来示人，更像是把一枚没有孵化完全的蛋打碎了，然后还以为看到的是一只真正的雏鸟。

我说不过他，只好放弃。

但我一直坚持要做编辑之前的第一个读者，直到婚后才终于如愿。每次先睹为快之后，我也会说一些感触，提一些意见给他。偶尔他会接受，但更多的时候，对我的意见不以为然。如果我不坚持，他也不多说什么；如果我认真追究，他就会说出他的理由。而结果就是，我总会被他的理由所说服，并且由此发现一些我在最初的阅读中没有读到的东西。

　　从骨子里说，刘东是个很骄傲的家伙。虽然随着年龄的不断增长，他看上去越来越低调越来越"中庸"了，但在我看来，他的那些锋芒不过是收进了心里而已。他是个内心骄傲而强大的人，自我控制和自我调适的能力很强，但又并不愿意时时事事都刻意地控制和调适自己。用他的话说，适当的"放开"有利于身心健康。这就跟经济调控的松松紧紧、有张有弛是一个道理。在他眼里，我只是他的一个读者而已。作为夫妻，我们在生活上感情上精神上都是平等的，但说到他所从事的写作专业，他拥有不容置疑的强势。所以，这回他突然请我来写写他，让我很意外。追问之下，他只好说了实话：时间有点儿紧，找别人不太方便。这个家伙，原来如此！

　　尽管一起生活了许多年，可我毕竟不是作家，冷不丁还真不知道该从何说起。去问问刘东，他又端架子，说，你想怎么写就怎么写吧。

　　认识刘东之前，我跟绝大多数人一样，觉得作家是一些很奇怪的人。不过说实话，生活中的刘东一点儿也不怪。我曾经问过他，人家都说，作家都习惯于特立独行，你好像并不是那样的。刘东说，在生活中特立独行的人，往往会给自己和别人带来一些不必要的困扰，在他看来，那并不是作家必有的"特质"，也不是真正聪明的表现。他所追求的作家的"个性"，一定是要体现在作品中，而不是现实生活中的。他努力要写出特立独行的作品，但在生活中，却更愿意做一个平凡的"随大流"的普通人，让自己和身边的人都放松都舒服一些。毕竟，写作不是生活的全部，而你首先是一个生活着的人，然后才是个写作着的人。

不过刘东到底是个作家，有许多与常人不同的地方。他是个充满了悲悯之心的人。现实世界很严酷，许多年过四十的人，心肠都会变得越来越硬，看世界的目光也会变得越来越冷漠。但刘东不同，虽然他的文字往往显得很理智甚至很冷峻，但在这一切的表象背后，是他那颗永远也不会改变的悲悯之心。生活中的刘东很少流泪，一些时候，我甚至已经能够感受到他内心世界里所遭受的巨大的冲击和痛苦，但却依然看不见他流出一滴眼泪。我有时也会劝他，心里太难受的时候就哭出来吧，不然会憋出病的。他却摇摇头，说："换了别人也许会的，而我不会。你忘了，我是作家，我会把一切都写出来的。"

刘东另一个不同于常人的习惯，就是喜欢思考。我曾经跟他讨论过，作家最重要的素质到底是什么？是超强的文字表达能力，还是超强的编故事的能力？他说，都不是，是作家的思想。在他看来，真正的作家其实并不是靠卖文字为生或者卖故事为生的，而是靠贩卖自己的思想，而文字和故事不过是那些思想的载体而已。

当然，作家刘东也有许多常人所有的缺点和毛病，比如说，脾气急躁。最典型的表现就是"路怒症"。一个有个性有思想温文尔雅的作家，一旦开车上路了，就会变成另外一个人，开快车，按喇叭。为这事，我没少说他，可收效甚微，后来他自己想了个办法，一开车，就播放那种平和舒缓的音乐。看上去，似乎效果不错。不过，这种效果是不是真的能一直持续下去，还真不好说。

（作者系大连市社保中心高新园区中心主任）

春华秋实

作家的作品，当然不如美术家、摄影家的作品，看上去那样愉悦眼球，那样具有观赏性。但是，我的这些作品，也凝结了童书编辑者、设计者的心血和智慧，洋溢着盎然的童趣，感染过纯真的童心，更像一个个美丽的脚印，记录着我进行文学创作的难忘历程。

儿童文学中的人性表达

○ 刘 东

作为一名作家,几乎是不可避免地,时常会想到或者被问到这样的问题:文学到底是做什么用的?文学最本质的特性到底是什么?伟大的司汤达曾经说过,文学家们就像厨师,为读者们奉献出丰富多彩、各色各样的美味,酸甜苦辣咸,百味杂陈,但其实这些美味的主料只有一种,那就是人性。

我很赞成这个观点。在我看来,文学就是人学。无论文学的创作手法和表现形式如何多种多样,花样百出,其最本质最重要的内核永远是对人性的追问、探索、解密和表达。但是与此同时,我的内心也一直存在着这样一个疑问和困扰:文学的主料是人性,那么儿童文学的主料呢?其实这本不应该成为一个问题。儿童也是人,儿童文学也是文学,儿童文学的主料当然也是人性。但在中国的儿童文学界,或许是因为人性的多面性和复杂性,或许是因为别的什么原因,致使"人性"这个概念似乎很少在儿童文学创作中被提及被重视。换句话说,我们的儿童文学所表现的人性其实是比较片面的，往往是被装饰过的、被美化了的，甚至是虚假的，往往只片面地表现人性的善与美，而对人性中的丑与恶讳莫如深。这也是可以理解的，毕竟孩子们的理解和认知能力有限，不恰当地表现人性的丑与恶有可能会误导他们。许多年来，这种观点一直被主流社会和主流创作所认同。

这使我想起了一部很有名的意大利电影《美丽人生》，影片中的父亲圭多和儿子乔舒亚因为是犹太人，被纳粹抓进了集中营。圭多不愿意让儿子幼小的心灵从此蒙上悲惨的阴影，在惨无人道的集中营里，圭多哄骗儿子这是在玩一场游戏，遵守游戏规则的人最终能获得一辆真正的坦克回家。天真好奇的儿子对圭多的话信以为真，他多么想要一辆坦克车呀！为此，乔舒亚强忍了饥饿、恐惧、寂寞和一切恶劣的环境。圭多以游戏的面目伪装了残忍的现实，让儿子的童心没有受到任何伤害。后来历经磨难的圭多惨死在德国纳粹的枪口下，却成功地保护了儿子。乔舒亚从铁柜里爬出来，站在院子里，这时一辆真的坦克车隆隆地开到他的面前，上面下来一个美军士兵，将他抱上坦克。这部电影所表现出来的人性的光辉令人震撼，似乎也与我们的儿童文学创作中的一些看法和选择不谋而合。但是电影只是电影，不是现实。现实或许不似集中营那样残酷，却比集中营更复杂更多面。这种保护虽然出自于人性美好的一面，但往往是一厢情愿的，也是徒劳的，所谓可以一时，无法一世。

而且，随着社会的进步与发展，随着信息传媒的普及化和多样化，随着孩子们拥有社会属性的年龄越来越小，身上所表现出来的社会属性越来越鲜明、越来越强烈，我们的儿童文学对人性的多面性和复杂性再一味地只管躲避和无视显然不是办法，甚至意味着某种职能和责任的缺失。我更认同的做法，是以文学的恰当的方法让孩子学会面对现实，包括面对现实中复杂的人性。只有面对，才有机会了解；只有了解了，才能正确地理解；只有正确地理解了，才能正确地选择，才能健康地成长。

另外，这些年来我们一直在呼吁，要让中国的作家和作品走向世界，儿童文学也是一样。但是，客观地讲，现在我们儿童文学的输入和输出是不成比例的，存在着巨大的"贸易逆差"。有人可能认为，这是由于文化和传统的差异造成的。但是仔细想想，这种理由并不能成立。这种文化和传统的差异是双向存在的，为什么国外的许多优秀儿童文学作品可以成为我们的经典，而我们的作品却不行呢？原因当然很多，而我觉得其中一个很重要的原因，就是我们的作品中缺少可以跨越这种差异的东西，比如说，对人性的挖掘和表现。人性是共通的，人性的表达是不受文化和传统差异影响的，也是最容易被最广泛的人群所接受的。

如何用儿童文学的手段，让孩子们在成长过程中，正确地了解和认识人性的本质、人性的复杂性，这是我们这些儿童文学作家所面临的一个不可回避的课题。至少，对我而言是这样。

关于儿童文学对人性的表达，我一直在努力尝试。这里举一个例子。我曾写过一部中篇小说《快闪异族》，发表在上海的《巨人》上。这部作品的主人公是一个人类和一个精灵。说实话，我很少写精灵之类的故事，因为儿童文学作品中，这类作品太多，在我看来，再写就是重复。而我的创作个性中，最不情愿做的事情就是重复。但是后来我写了这个中篇，因为我发现了一个我在以前看到的精灵故事中没有看到的、没有被写作者重视的一个角度或者说是节点。故事大概是这样的：一个男生喜欢上了一个女生，而这个女生是一个精灵。女生的精灵家族警告女生，不要轻易尝试与人类进行密切的交往，如果一定要交往，也绝对不要让他们知道你的真实身份。但是精灵女生不以为意，并不想刻意隐瞒自己的身份，她认为她和男生的感情完全可以超越两个种族之间的差异。最终，他们的感情以悲剧收场，而造成悲剧的最根本的原因，恰恰就是人类本性中对异族的怀疑、不信任。而这种对异族的怀疑和不信任，追根溯源，其实是基于人类自身的不安全心理和信任危机。这种心理和危机，在可预见的未来是难以缓解的，因为这是人性中固有的东西。想要缓解甚至超越这种心理和危机，则需要整个人类从各个方面都进入一个前所未有的更高的境界。

当然，儿童文学中的人性表达对我而言，是一种复杂且艰辛的探索和实践，我现在也仅仅是明确了一个方向。但我相信，一旦你真正可以直面这个课题，并且把其不断地、深入地融入到你的创作实践中，你就有可能在儿童文学创作这条道路上走得更远，看到更多更美丽的风景。

作品展示

长篇小说《情感操场》 中国少年儿童出版社 2000年10月

这是我的首部长篇小说。当时《儿童文学》的主编徐德霞老师跟我约稿的时候，我正在忙一部动画片的编剧工作，一度还很犹豫，恐怕时间紧迫，完不成任务。这部小说中，有我高中时代的一些记忆。

采访小说集《轰然作响的记忆》中国少年儿童出版社 2003年9月

  该小说集获得了中国作协主办的第六届全国优秀儿童文学奖（与茅盾文学奖、鲁迅文学奖和少数民族文学"骏马奖"并称为中国文学四大国家级奖项）、辽宁省首届未成年人文艺作品一等奖。其中的短篇《孤旅》，还曾荣获中国作协新世纪儿童文学优秀中短篇小说奖。其他的一些短篇也分别获得《儿童文学》年度优秀作品奖、辽宁省儿童文学奖等许多奖项。后由少年儿童出版社重新出版。

长篇童话《称心如意秤》 接力出版社 2005年12月

  这部长篇童话是我最满意的作品之一，曾被国家新闻出版总署推荐为"全国中小学生暑期阅读的百部优秀读物"。2011年8月，由四川少年儿童出版社重新出版。虽经两次出版，但因为种种原因，并没能让更多的孩子看到这部作品，这一直是我的一个遗憾。

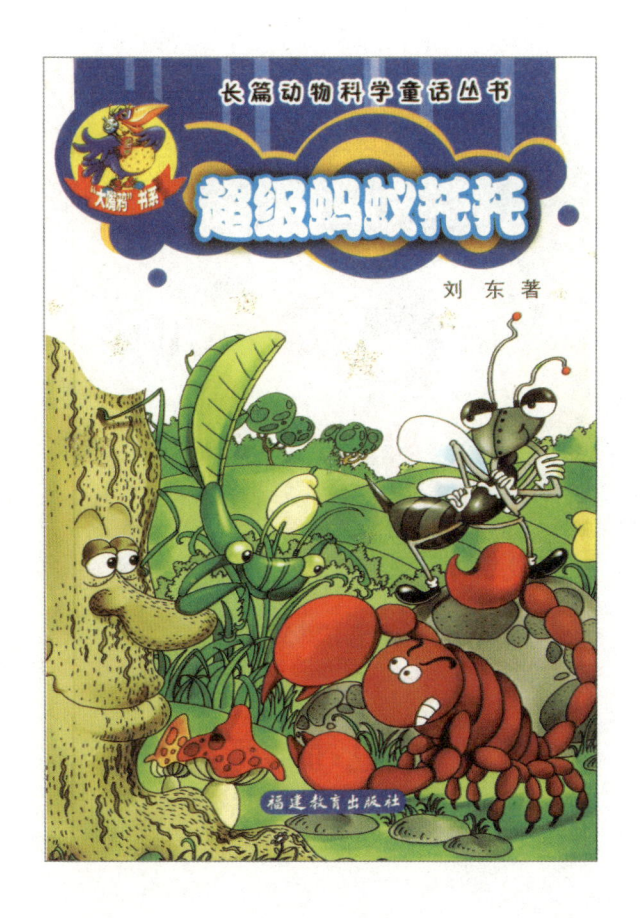

长篇童话《超级蚂蚁托托》 福建教育出版社 2006年5月

  这部长篇童话其实是我创作的第一部长篇作品，完成于1998年。因为出版社的一些原因，直到2006年才得以出版。我自己一向认为，这部童话非常适合改编成为动画片。而事实上，也曾经有动画公司准备投拍，但最后还是功亏一篑。

刘东 | 棒槌岛 ·「金苹果」文艺丛书

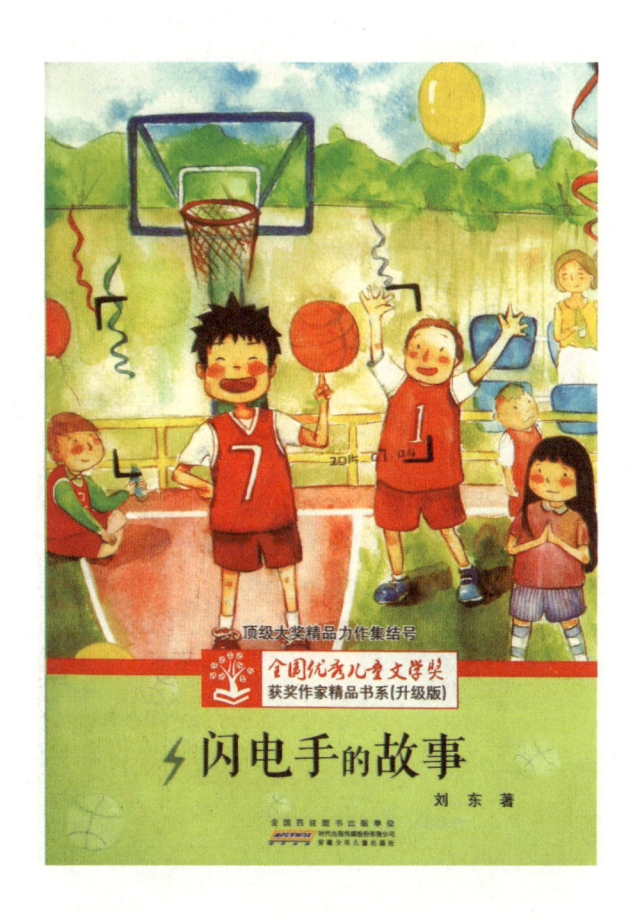

长篇小说《闪电手的故事》 福建教育出版社 2007年4月

这部小说和《林大脚的故事》在未出书之前，都先在甘肃的《故事作文》杂志上连载，反响很好。后来，福建教育出版社请我主编一套儿童文学丛书。当时正值北京奥运会前夕，我便为其策划主编了一套以体育运动项目为主题的"奥运小子系列丛书"，将《林大脚的故事》《闪电手的故事》一同收录其中。丛书出版后，广受好评。两部小说都已由安徽少年儿童出版社重新出版。

长篇小说《林大脚的故事》 福建教育出版社 2007年4月

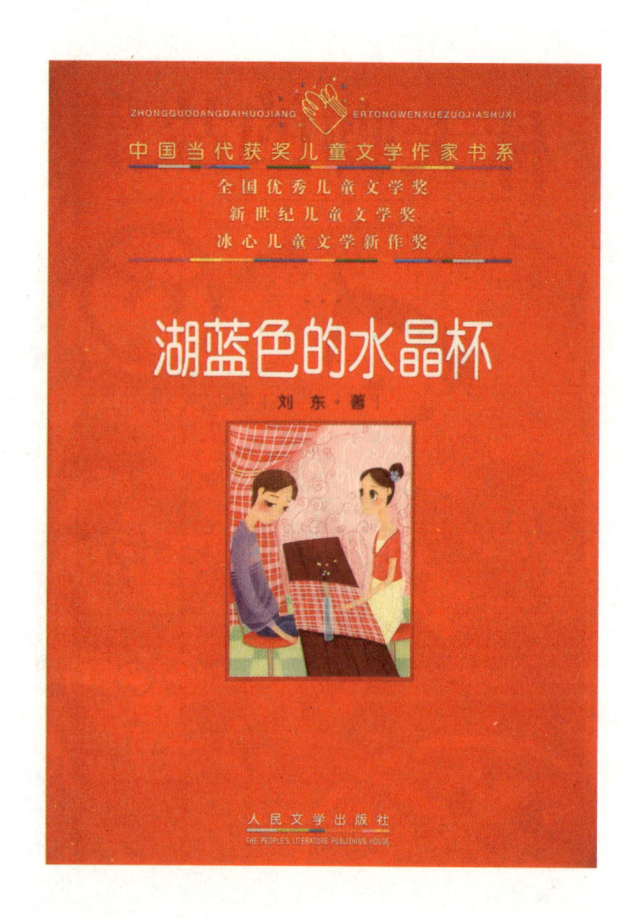

短篇小说集《湖蓝色的水晶杯》 人民文学出版社 2008年1月

  这部小说集的责任编辑，是大名鼎鼎的《哈利·波特》的编辑叶显林。出版后，反响不错，数次加印。后由天天出版社重新出版。

长篇小说《无限接近的城市》 明天出版社 2009年4月

  这部小说是迄今为止，我的长篇小说中，加印数量比较多的一部，先后十几次印刷，印刷总数超过十万册。

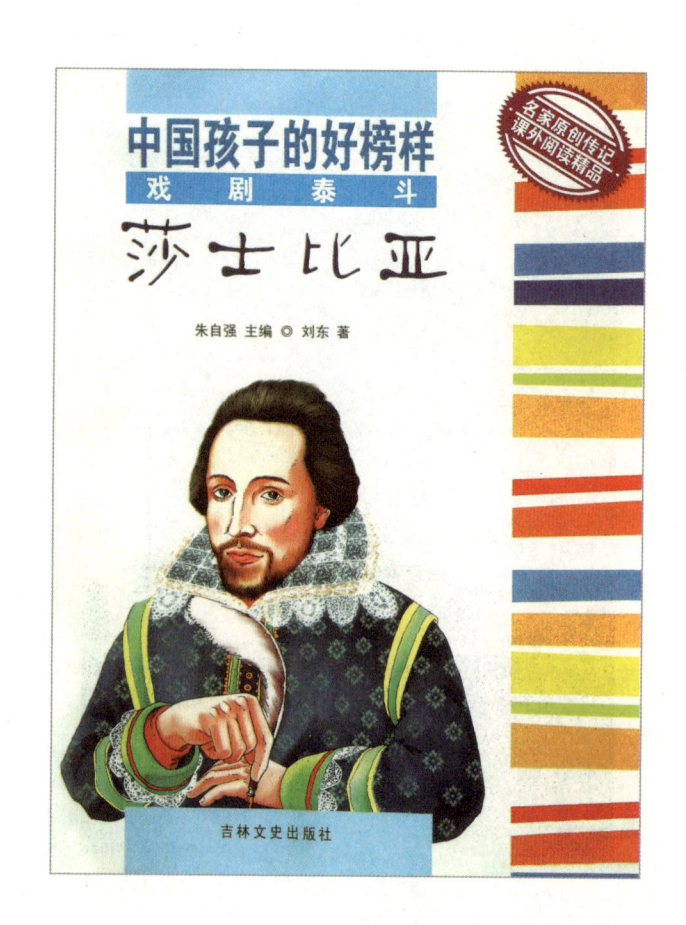

长篇传记文学《莎士比亚》 吉林文史出版社　2009年9月

　　这是我至今唯一的一部传记文学作品。接受这个创作任务的原因，有一多半，是因为我很想借此了解这位戏剧巨匠的生平。在创作中不断地学习，这是我创作的一种常态。

长篇小说《非常琳妹妹》 大连出版社 2010年6月

  这部作品现在看起来，仍然有很重要的现实意义。因为随着生育政策的改变，中国注定会有许多独生子要变成哥哥或者姐姐，如何适应自己的"新角色"，是摆在这些孩子和孩子家长面前无法回避的课题。这是一部非常适合改编成电影的作品。荣获辽宁省"五个一工程"奖。2015年，我根据这部小说改编的电影剧本《天上掉下个琳妹妹》获得了国家广电总局举办的"夏衍杯"电影剧本征集最高奖——优秀电影剧本奖。

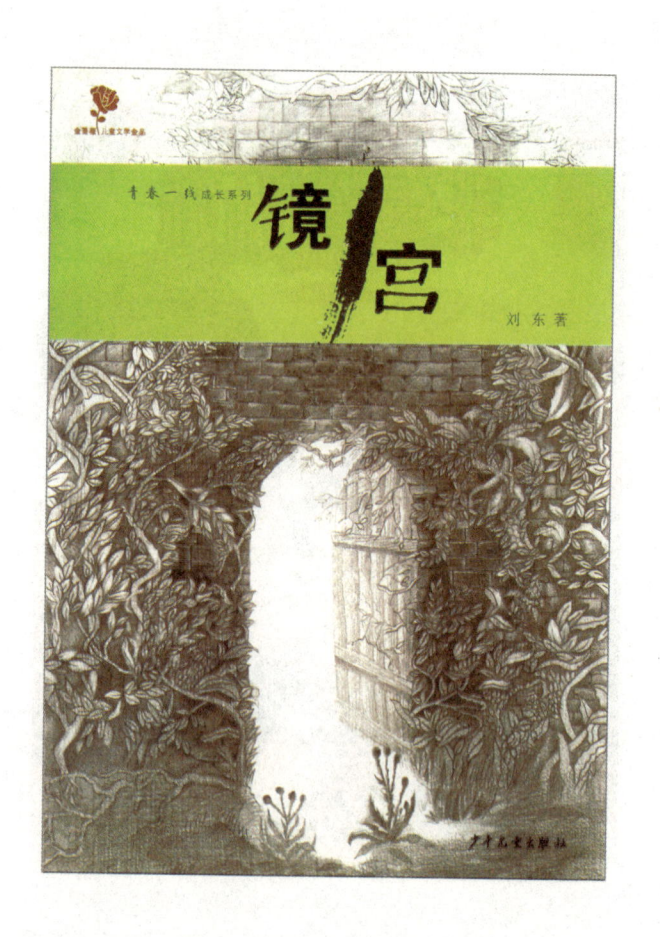

长篇小说《镜宫》 少年儿童出版社　2010年12月

　　这部长篇小说的创作过程，在我将近三十年的创作经历中，是最让我享受的。这部二十四万字的小说，只用了不到三个月的时间就完成定稿了。对我而言，这样的速度是前所未有的，今后也恐难再有。儿童文学界的许多老师、朋友们都说，《镜宫》是一部价值被严重低估了的优秀作品。《人民日报》2012年4月23日刊登的题为《2011年中国文学发展状况》一文中，专门提到了《镜宫》，并称之为"具有纯正艺术品格的优秀作品"。作为作者，我不便自我评价，但我至今仍然觉得，它是我最好的一部长篇小说，没有之一。曾获2011年冰心儿童图书奖、上海市优秀图书奖。

中短篇小说集《快闪异族》 少年儿童出版社 2011年1月

  《快闪异族》中收录的三个中篇小说和三个短篇小说，都是幻想题材。幻想什么呢？幻想爱情。其中的《眠梦岛》一篇，我比较偏爱。三个中篇都是很好的青春电影的题材。

短篇小说集《当电脑爱上你》 现代出版社 2011年1月

一部应朋友之邀出版的自选集。

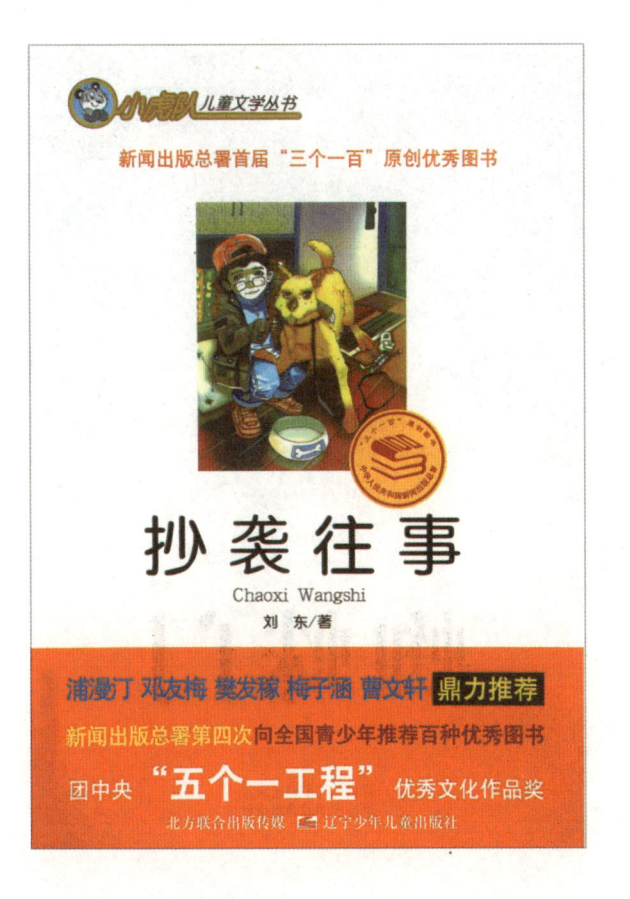

中短篇小说集《抄袭往事》 辽宁少年儿童出版社 2012年4月

　　这是重新出版的版本。这本小说集，是由辽宁儿童文学学会会长赵郁秀老师主编的"小虎队儿童文学丛书"中的一本。曾获得辽宁省优秀儿童文学奖，丛书也曾多次获奖，包括辽宁省"五个一工程"奖、团中央"五个一工程"奖、国家新闻出版总署首届"三个一百"原创优秀图书。

中篇小说《蜘蛛门》 新疆美术摄影出版社 2012年5月

　　这部小说的出版，让我获益匪浅。但这种获益，既不是文学上的，更不是经济上的，而是法律意识和合同意识上的。它提示我，作为一位作家，任何时候，都不可以随意在一份出版合同上签字。

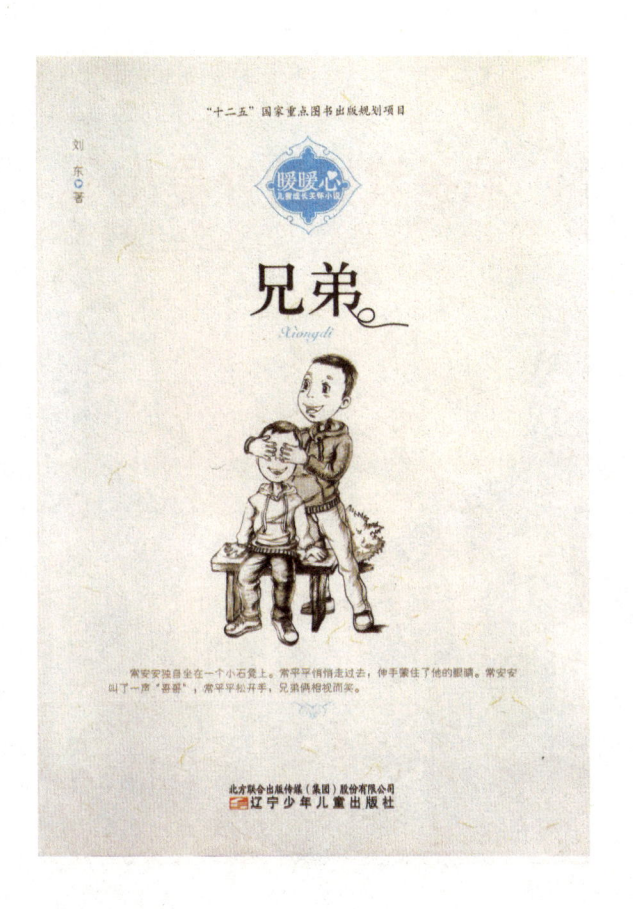

长篇小说《兄弟》 辽宁少年儿童出版社 2012年12月

　　一部暖心之作。希望那些没有兄弟姐妹的孩子们有机会看到这本书，相信他们一定会被感动，一定会有所领悟、有所收获的。

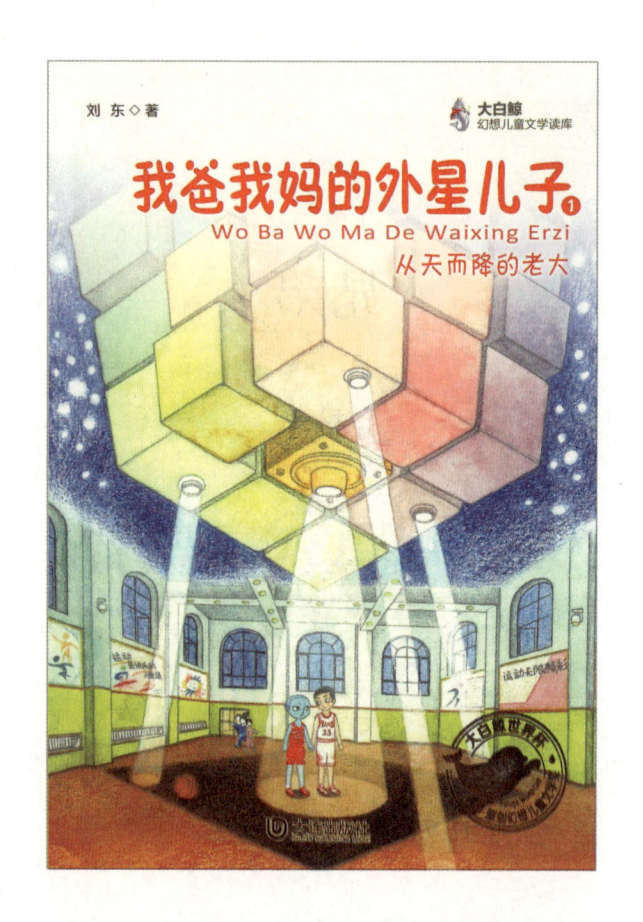

长篇系列小说《我爸我妈的外星儿子1》 大连出版社 2015年1月

  这是我的第一部系列小说（共五本）。其中的第一本《从天而降的老大》曾获得首届"大白鲸世界杯"原创幻想儿童文学奖二等奖。我力求把一个关于外星人的故事，写得好玩、有趣，而且，有人味儿。

长篇系列小说《我爸我妈的外星儿子2》 大连出版社 2015年1月

  这是我的第一部系列小说（共五本）。其中的第一本《从天而降的老大》曾获得首届"大白鲸世界杯"原创幻想儿童文学奖二等奖。我力求把一个关于外星人的故事，写得好玩、有趣，而且，有人味儿。

长篇小说《双拼宝贝》 晨光出版社 2015年4月

  这是一部现实题材的长篇小说。尽管笔调比较轻松、幽默，但主题却是严肃而沉重的。面对现实中越来越严重的贫富差异和阶层分化、固化，我们如何才能避免让我们的孩子们变成不同世界里的"陌生人"？

艺术年表

1987年
  4月　在《海燕》上发表小说处女作《世界多美丽》。
1990年
  5月　在《海燕》上发表小说《交付你的苦难》。
1993年
  9月　在《海燕》上发表小说《一块云》。
1995年
  7月　在《文学少年》上发表儿童文学处女作小说《老人·孩子·魂斗罗》。
1996年
  2月　在《文学少年》上发表小说《大雪》。
  10月　在《少年大世界》上发表小说《午夜世界杯》。
      进入少年大世界杂志社工作。
1997年　出版长篇科学文艺《大自然探秘》（合著）（辽宁师范大学出版社）。

小说《鸟儿在天上》获得第五届冰心儿童文学新作奖。

小说《鸟儿在天上》获得大连市优秀文艺创作奖（1996年—1997年）。

5月　在《儿童文学》上发表小说《悲伤无痕（外一篇）》。

6月　在《少年大世界》上发表小说《丑孩罗罗》。

12月　在《文学少年》上发表小说《负债》。

1998年

3月　在《儿童文学》上发表小说《祸事》。

4月　在《儿童文学》上发表小说《蝴蝶》。

7月　在《儿童文学》上发表小说《游戏》。

10月　在《儿童文学》上发表小说《下课》。

12月　在《儿童文学》上发表小说《长裙》。

小说《祸事》获得《儿童文学》优秀作品奖。

参加中国作协第二届全国青年儿童文学作家讲习班。

1999年　小说《蝴蝶》获得辽宁省第六届儿童文学二等奖（短篇最高奖）。

1月　在《小火炬》上发表报告文学《中国娃》。

3月　在《儿童文学》上发表小说《孤旅》。

7月　在《新少年》上发表小说《有劲的和没劲的》。

10月　在《少年文艺》（江苏）上发表小说《我是一棵树》。

12月　在《海燕》上发表《小小说三题》。

小说《我是一棵树》获得《少年文艺》（江苏）优秀作品奖。

2000年

5月　在《小火炬》上发表报告文学《与"天堂鸟"共舞的孩子》。

出版长篇小说《情感操场》（中国少年儿童出版社）。

2001年

1月　在《小火炬》上发表报告文学《足球小子》。

3月　在《儿童文学》上发表小说《颤抖》。

5月　在《儿童文学》上发表小说《沉默》。

7月　在《东方少年》上发表小说《红旗飘飘》。

12月　在《儿童文学》上发表小说《契约》。

小说《孤旅》获得中国作协新世纪儿童文学中短篇作品奖（1995年—2000年）。

获得全国儿童文学基金奖。

2002年

7月　在《少年文艺》（江苏）上发表报告文学《在城市中行走》。

11月　在《儿童文学》上发表小说《死结》。

获得大连市首届"文艺新人奖"。

2003年　参加辽宁省首届新锐作家班学习。

4月　在《儿童文学》上发表小说《朋友》。

6月　在《儿童文学》上发表小说《房子》。

10月　在《少年大世界》上发表小说《湖蓝色的水晶杯》。

在《儿童文学》上发表小说《金鱼》。

在《中国校园文学》上发表小说《抄袭往事》。

出版采访小说集《轰然作响的记忆》（中国少年儿童出版社）。

2004年

1月　在《中国校园文学》上发表小说《我的野蛮女同桌》。

12月　在《儿童文学》上发表小说《黄金》。

《中国儿童文学》上发表评论我的文章《沉重的飞翔》。

《中国新闻出版报》上发表评论我的文章《我们需要爱的教育》。

《文艺报》上发表评论我的文章《成长过程中的残酷自审——评刘东〈轰然作响的记忆〉》。

采访小说集《轰然作响的记忆》获得第六届全国优秀儿童文学奖（2001年—2003年）。

采访小说集《轰然作响的记忆》获得辽宁省首届未成年人优秀文艺作品奖文学类作品一等奖。

2005年　入选2004年度大连文艺界十大有影响人物。

3月　在《少年文艺》(上海)上发表小说《米蕊的镜子》。

7月　在《文学少年》上发表小说《姚水洗澡》。

12月　出版长篇童话《称心如意秤》（接力出版社）。

出版中短篇小说集《抄袭往事》(辽宁少年儿童出版社)。

成为辽宁作协第五届签约作家。

《中国新闻出版报》发表评论我的文章《不懈努力，称心如意》。

《文艺报》发表评论我的文章《来自孩子的内心的魔力》。

《中华读书报》发表评论我的文章《"称心如意秤"大战"宝葫芦"》。

《信息时报》发表评论我的文章《让孩子告诉你语言的重量》。

2006年　《称心如意秤》获得2005年度大连文艺界十件有影响的作品。

2月　在《儿童文学》上发表中篇小说《蜘蛛门》（上）。

3月　在《儿童文学》上发表中篇小说《蜘蛛门》（下）。

5月　出版长篇童话《超级蚂蚁托托》（福建教育出版社）。

《中国教育报》发表评论我的文章《给儿童一个哲学思考的空间》。

2007年

5月　在《儿童文学》上发表小说《管玉的财富》。

7月　在《少年文艺》（上海）上发表小说《阙山车》。

《抄袭往事》获得辽宁省第十届"五个一工程"奖。

《抄袭往事》获得第九届团中央"五个一工程"奖。

参加中国作协鲁迅文学院第六届中青年作家高级研讨班。

获得辽宁省首届文化新人称号。

成为辽宁作协第六届签约作家。

出版长篇小说《林大脚的故事》（福建教育出版社）。

出版长篇小说《闪电手的故事》（福建教育出版社）。

《文学报》发表评论我的文章《成长的自审》。

《儿童文学》对我的文学创作进行了专题介绍。

2008年　成为北京奥运会火炬手。

成为辽宁省"四个一批"人才。

成为享受大连市政府特殊津贴的专家。

出版短篇小说集《湖蓝色的水晶杯》(人民文学出版社)。

《当代作家评论》发表介绍我的文章《成长的自审与文化品格的塑造——论刘东的儿童文学创作》。

2009年　《抄袭往事》获得第七届辽宁优秀儿童文学奖。

出版长篇传记文学《莎士比亚》(吉林文史出版社)。

出版长篇小说《无限接近的城市》(明天出版社)。

2010年

5月　在《读友》上发表小说《电脑库奇》。

出版长篇小说《非常琳妹妹》(大连出版社)。

出版长篇小说《镜宫》(少年儿童出版社)。

12月　在《儿童文学》上发表中篇小说《眠梦岛》(上)。

2011年

1月　在《儿童文学》上发表中篇小说《眠梦岛》(中)。

2月　在《儿童文学》上发表中篇小说《眠梦岛》(下)。

在《巨人》上发表中篇小说《快闪异族》。

出版中短篇幻想小说集《快闪异族》(少年儿童出版社)。

出版中短篇小说集《当电脑爱上你》(现代出版社)。

《镜宫》获得冰心儿童图书奖。

获得国家一级作家职称。

成为辽宁作协第八届签约作家。

《文艺报》发表评论我的文章《自我/他者：幻象与真实》。

《昆明学院学报》发表评论我的文章《透过"他者"之

镜穿越"自我"成长的迷宫——刘东新作〈镜宫〉解读》。

2012年

8月　在《儿童文学》上发表小说《星空的预言》。

《镜宫》获得第十二届上海市优秀图书奖。

《非常琳妹妹》获得辽宁省第十二届"五个一工程"奖。

出版长篇小说《兄弟》（辽宁少年儿童出版社）。

2013年　《非常琳妹妹》获得2012年大连文艺界十大有影响作品奖。

成为辽宁作协第九届签约作家。

2014年　《我爸我妈的外星儿子》获得首届"大白鲸世界杯"原创幻想儿童文学二等奖。

在《文艺报》上发表文章《儿童文学中的人性表达》。

《文艺报》发表了评论我的文章《刘东的儿童文学创作——对成长的想象和发掘》。

《鸭绿江》发表了评论我的文章《成长的故事与青春的隐秘——论刘东的儿童文学创作》。

短篇小说《传奇》获2014年冰心儿童文学新作奖。

2015年　获得2014年大连文艺界十大有影响的人物。

获得第十三届大连文艺"金苹果"奖。

在《少年文艺》（上海）上发表小说《跌碎的太阳》。

成为辽宁作协第十届签约作家。

在《鸭绿江》上发表小说《少年唐盛唐》。

出版长篇小说《从天而降的老大》（大连出版社）。

出版长篇小说《睡在我床下的老大》（大连出版社）。

出版长篇小说《双拼宝贝》（晨光出版社）。

《跌碎的太阳》获得"周庄杯"全国短篇儿童文学优秀奖。

电影剧本《天上掉下个琳妹妹》获得"夏衍杯"优秀电影剧本奖。

心理学小课堂

为什么大多数人会半途而废，难以坚持到底呢？心理学家经研究后发现了半途效应。半途效应指的是在目标完成一半时，由环境因素和心理因素的相互作用而导致的对于目标行为的一种负面影响。也就是说，目标完成一半时，我们的心理状态会进入一个非常敏感和脆弱的时期，如果我们意志力不够坚定，自控能力不够强，就会在此时停下来，让之前的努力白费。

产生半途效应的原因有很多，比如，选择的目标和自己的能力不匹配，在执行过程中遇到了很多阻力，意志力薄弱或者丧失了兴趣。克服半途效应的办法有以下几种：

一、调整目标，使目标更加合理化。

二、按照先易后难的顺序执行计划，不断激励自己。

三、加入一些新鲜元素，让计划变得丰富有趣。

行动指南

❶ 坚持不下去时，再坚持一下

定力不足时，我们会觉得难以坚持，进而产生放弃的想法。其实，当你觉得坚持不下去、想要放弃时，只要再坚持一下，就有可能克服困难，走向终点。有时候，坚持还是放弃只是一念之差，在自己意志力最薄弱、信念开始动摇时，咬牙坚持一下，熬过最艰难的时期，就能迎来柳暗花明。

❷ 制定阶段性的小目标

执行中期和长期目标，我们在很长时间后才能看到成效，很容易厌倦。我们可以试着制定阶段性的小目标，这样在短时间内我们就能看到成效。随着一个个小目标相继实现，我们的成就感不断累积，自豪感油然而生，就不容易产生半途而废的念头了。

❸ 参加体育运动，锻炼意志力

做事无法坚持到底，是意志力不足导致的。研究表明，参加体育运动对于增强意志力有明显的效果。以踢球为例，在球场上，我们既要面对对手，又要挑战自己；在和小伙伴对抗时，比拼的不仅仅是体力和技术，更是意志力。为了赢得赛事，我们不敢有丝毫懈怠，总要坚持到最后一秒。因此，经常参加此类活动，我们的意志力必然能得到很好的锻炼。

不良心理反应

- 一直做一件事多没劲呀，我还是换件更有意思的事做吧！
- 我没耐心，不想坚持了。
- 我是因为好奇心才尝试做这件事的，现在没有兴趣了，不想浪费时间了。

积极心理暗示

01 只有坚持，才能有所成就。

02 坚持到底就是胜利，我不能半途而废。

03 好奇心消失了，继续坚持一段时间，也许我仍能从中找到乐趣。

NO.7 做事虎头蛇尾，没法坚持到最后

小朋友说

我是个很有主见的学生，课余时间都是自己安排的，爸爸妈妈很少插手。前一段时间，我迷上了踢球，每天放学都要到操场上练习，坚持了一个月，又不想踢了；后来，我又对手工制作产生了兴趣，连续两个礼拜都在研究动力小帆船，结果没成功，就不想继续做了。妈妈说我做事没有常性，干什么都虎头蛇尾，这样下去，将来什么事都干不成。

心理疏导

计划做某件事时，怀有很大的决心，干劲也非常足，可真正去做时，坚持一段时间，便丧失了兴趣和动力，不想再继续了。这是一种比较普遍的现象。古人云："善始者众，善终者寡。"意思是开头做得好的人有很多，但能坚持到最后的人却很少。做到善始善终并不容易，所以我们才说坚持是一种可贵的品质。

心理学小课堂

　　心理学家认为，自我规划是衡量自我管理能力的一个重要标准。学会管理自己的时间，能够妥善地安排自己的学习和生活，就能获得极大的自由和满足感，同时自信心会得到很大提升。然而自我规划并不是那么容易做到的。在学校，我们的生活是非常有规律的，因为我们一直遵照学校的课程安排进行相关学科的学习。可到了课余时间，没有人帮我们安排，这时就非常考验我们的自我规划能力了。那么我们该怎样提升相关能力呢？

一、按时做事，让生活变得有规律。
二、合理安排玩耍的时间。
三、学会利用表格制订计划，让一切井然有序。
四、充分利用周末和其他空闲时间，学会自我管理。

行动指南

1. 制订时间计划表

对小朋友来说，上学阶段每天要做的事情差不多，但也有微小的差异，因此，我们每天都要制订一份时间计划表。今日计划表的制作十分简单，把当天必须做的事情（比如上课、写作业）和希望做的事情（比如享受美食、到同学家玩耍）列入表格，标注起始时间和终止时间即可。把计划表夹在课本中，每日翻阅，让自己严格按照计划表执行。

2. 精简目标

英国逻辑学家威廉·奥卡姆曾经提出了奥卡姆剃刀原理，即如无必要，勿增实体。意思是做什么事都要学会做减法，不必要的东西统统可以剔除。做计划也是一样，当我们有重要事情要做的时候，将可做可不做的事情从计划表中剔除，可以节省出时间，去完成我们必须达成的目标。这样，我们做事会游刃有余，手忙脚乱的情况就不易出现了。

3. 将任务分解成具体的步骤

遇到一个新任务，我们可能无法精确预估需要花费的时间。这时，我们可以把它拆分成若干个具体的步骤，预估每个步骤消耗的时间，耗用时间的总和就是完成整个任务所需的时间。采用这种方法估算时间，比靠经验和直觉估算时间要可靠得多。这对我们做规则很有帮助。

不良心理反应

> 我不会规划,让爸爸、妈妈和老师替我安排好了。

> 按计划做事太无聊了!

> 我懒得规划,不如顺其自然吧!

积极心理暗示

01 我不能事事依赖别人,得学会自己规划。

02 按照计划行事,能让事情更顺利地进行。

03 有些事情得提前安排,不能偷懒。

NO.6

不懂规划，遇事手忙脚乱

小·朋友说

我刚刚当上文艺委员，结果差点把班上最重要的活动搞砸。当天，临近开场，道具还没有准备齐全，音响设备又出了故障，表演节目的同学突然肚子疼，却没有替补者……我手忙脚乱地补救，结果越弄越糟，好在老师及时赶来救场，化解了危机。事后，老师批评我缺乏组织能力，不懂事前规划。我十分惭愧，觉得以后不能再事前毫无准备了。

心·理疏导

人生好比一场旅行，出发前规划好路线，做好时间安排，准备好需要的物品，才能在旅途中悠闲地欣赏风景，收获美好的心情。没有规划，常常让我们行动慌乱，把事情弄得一团糟。所以，我们要学会事前规划，养成事前做规划的习惯。

心理学小课堂

　　人们为什么会习惯性迟到呢？对此，心理学家有一个有趣的发现：人们对时间的现实感是不同的。也就是说，人们主观上感知的时间和实际的时间往往存在一定的偏差。通常情况下，进取心强的人会将实际的1分钟感知为58秒；处事松散的人会在主观上把时间加长，将1分钟时间感知成77秒。所以，后者总觉得时间够用，总会做出错误的行程安排。

　　一个处事松散的人想要解决习惯性迟到的问题，就必须纠正自己对时间预估的偏差。他可以试着改变散漫的个性，加强自律；也可以在做行程安排时，有意识地多留出一些时间，打好提前量，避免迟到再发生。

行动指南

1 改掉拖延的毛病

做不到守时，总是迟到，很有可能是拖延导致的。仔细想一想，你是不是喜欢把事情放到最后一刻再做？是不是总是觉得时间够用，结果临近最后一刻手忙脚乱，已经来不及了？针对这种情况，你要克服自己爱拖延的毛病，该做的事情马上做，别给自己找借口。

2 提前约定时间

为了防止自己迟到，你可以将约定时间提前。例如，你和别人约好周末上午10点见面，那么你可以将约定时间提前10分钟，让自己在9点50分之前到达约定地点。确定好到达时间后，再用倒推法算好最佳出门时间，以此来保证自己按时赴约。

3 佩戴儿童专用的手表

钟表有助于我们感知时间的流逝，是我们掌握时间的绝佳工具。我们可以考虑佩戴儿童专用的手表，让醒目直观的数字随时提醒我们此时是几点几刻，以方便我们更好地安排行程。

不良心理反应

> 我留出的时间刚刚好,不用着急,再玩一会儿吧!

> 迟到几分钟而已,别人不会怪我的。

> 我总是迟到,大家都知道,干脆就晚点去吧!

积极心理暗示

01

早点儿出发,万一发生突发情况,我也不会迟到。

02

迟到是对别人的不尊重,我不能因为别人宽容就允许自己犯错。

03

总是迟到会给人留下拖沓、懒散的印象,我不能再迟到了。

NO.5

缺乏时间观念，总爱迟到

小朋友说

从小学一年级开始，我上学就经常迟到，现在都上四年级了，老毛病还是改不掉，每天都要顶着老师责备的目光进教室，羞愧得想要找个地缝钻进去。上学是这样，其他时候也是这样。有一次，学校组织春游，同学们都已经集合上车了，我却刚刚赶到。大家都嫌弃我不守时，我也想改，可是总也改不掉，怎么办啊？

心理疏导

迟到一两次没有关系，不过，当迟到成为习惯时，它就不是小事了。我们都知道，迟到是一种不礼貌的行为，也是一种不尊重别人的表现。经常迟到，不仅会耽误事情，还会给别人留下懒散、不守信用的坏印象。如果你经常迟到，那么你要想一想你经常迟到的原因是什么，是你的时间观念不强，还是你有拖延的习惯。找到原因后，尽早改掉这个坏习惯。

心理学小课堂

有一个心理学效应，叫"木桶理论"，说的是一只木桶究竟能装多少水，不取决于最长的那块木板，而取决于最短的那块木板。因此，一只木桶想要多装水，必须把短板补齐。在学习方面，木桶理论同样适用，我们的综合成绩会受到短板学科的影响，其他学科优秀，某一门学科薄弱，综合成绩必然会被其拖后腿。

补齐短板，既要靠强大的自律能力，又要靠科学方法的引导。有时候方法得当，我们不必竭力约束自己，也能达到自律的目的。我们可以试着用自我奖赏的方式，让自己慢慢爱上某门学科。以数学为例，玩几次好玩的数字游戏，买一些好玩的数学器材，或者周末旅游时多多关注与数学有关的事物，这些新奇的方法有助于我们降低对数学学科的排斥心理，也许不知不觉中，我们就对数学产生兴趣了。

行动指南

❶ 假装对不喜欢的学科感兴趣

心理学上的自证预言效应认为，人们会不自觉地按照已知的预言行事，最终令预言发生。这里的"预言"，我们可以理解为对事件先入为主的判断。因此，我们可以尝试改变对不喜欢的学科的态度。例如，我们不喜欢数学，就可以这样暗示自己："我喜欢你，数学，你会让我的思考变得更加严密，让我变得更聪明、更有智慧！"有了这样的预言后，我们便会不自觉地向着喜欢数学的方向努力，慢慢改变对数学的排斥心理。

❷ 制定合理的小目标

我们要根据自己的实际情况，制定合理的小目标。有了切实可行的小目标，再制订与之相匹配的学习计划。一个小目标达成之后，继续以小步幅制定下一个阶段的目标。当一个个小目标全部实现，我们对自己不擅长的学科便有了信心，学习兴趣也跟着培养起来了。

❸ 从学习目的入手，纠正偏科态度

如果我们觉得某门学科枯燥无味，没有学习它的动力，可以试着想想这门学科的价值，从思想上认清我们为什么要学习它。以数学为例，数学是一门基础学科，可以提高我们的判断能力、思辨能力和分析能力；学好数学，我们的思维将变得更加缜密；重视数学，才能在数学考试中旗开得胜。

不良心理反应

- 有些学科无聊透顶，我才不想学。
- 不喜欢的学科可以不学，把其他几科学好，总成绩好就行。
- 我只钻研自己擅长的学科，以后做个偏才好了。

积极心理暗示

01 兴趣是可以培养的，我以前不喜欢的学科，也许学着学着就喜欢了呢。

02 与成绩相比，我更看重知识，我想掌握更全面的科学文化知识。

03 学科之间是相互联系的，学好不擅长的学科，才能更好地钻研擅长的科目。

NO.4 不感兴趣的学科不想学

小朋友说

我不喜欢上数学课，平时一看到数学题就头疼，老师讲的内容也常常听不懂。我喜欢上语文课，语文对我来说简单一些，无论是学生字，还是组词造句，我都得心应手，作文写得也不错。现在，我的数学成绩越来越差，妈妈说数学很重要，不管怎样，我都得认真对待。可是我实在不想学数学。我该怎么办才好？

心理疏导

每个学生都有自己喜欢和讨厌的学科。我们喜欢哪个学科，就愿意在哪个学科上投放更多的时间和精力，对于不喜欢的学科，一点也不想钻研。这种心理很正常。然而这么做，我们获取的知识便不再全面，思维能力的发展也会受到限制。每个孩子都是一棵小树，不同学科的课程为我们输送不同方面的养料，偏科必然会让我们营养不良。因此，为了让我们自己茁壮成长，我们最好改变偏科的习惯。

心理学小课堂

　　心理学家通过实验发现了"间隔效应"，即在学习总时间相同或接触学习资料次数相当的情况下，分散学习的学习效果更好——同样的内容，分散学习要比集中学习记忆得更持久。也就是说，我们在1周内每天坚持学习1小时，比在1天内一口气学习7小时，学到和记住的东西更牢。

　　可见，考前突击学习不是正确的学习方式。采用这种方法学习，会极大地影响学习的质量。无论学什么，都应该脚踏实地，一步一个脚印地完成，靠走捷径取得成绩，通常经不起考验。我们要想学有所成，必须从根本上改变不良的学习方法和错误的心态，要靠持续不断的努力和辛勤的付出达成学习目标。

行动指南

❶ 设立长远目标

临时抱佛脚的学生，多半缺乏长远目标。心中没有长远目标，只想着应付一两次考试，自然不愿意在平时用功。想一想自己将来要成为一个什么样的人，给自己设立一个长远的目标，然后坚定地朝着目标前进。这样，你自然而然地就会端正学习态度，脚踏实地地读书学习了。

❷ 找到考试和学习的意义

很多同学认为，考试是为了应付家长，或者为了赢得老师和同学的认可。抱着这样的心态学习往往动力不足，也比较容易做出临时抱佛脚的行为。你要认识到，学习是为了获得知识，为了将来有更好的发展，不是为了应付他人，这样面对考试时就不会有蒙混过关的想法了。

❸ 制订学习计划

学习是一个循序渐进的过程，不能一蹴而就。只在考前突击并不能让自己真正掌握知识，想要学有所成，必须有规划地学习。你可以试着制订一个学期学习计划，认真完成课前预习、上课听讲、课下复习三个环节，争取把当天学到的知识全部弄懂弄会，有什么疑问及时向老师、同学请教，彻底改变临时抱佛脚的做法。

不良心理反应

临时抱佛脚也能拿高分，平时不学也行。

别人学一个学期的东西，我一两周也能记个差不多。

平时学的东西都很简单，考前再学也不迟。

积极心理暗示

01
临时抱佛脚拿到高分靠的是运气，不是知识。

02
短时间内掌握的知识会快速地忘掉，突击学习不是学习的好方法。

03
我不能在学习上偷懒，要一步一个脚印地完成学习目标。

NO.3 总是考试之前临时抱佛脚

小·朋友说

我平时学习不用功，喜欢考试前临时抱佛脚。考试之前，我会一改往日的懒散，每天晚上做题做到很晚，可谓挑灯夜战。可是，短短几天时间，要把一个学期所学的东西全部弄明白，是不可能的事。不出意外，我又考砸了。

心·理疏导

平时不学习，大考之前临时抱佛脚，进行突击复习，可能对考试有所帮助，但效果十分有限，必然不能帮助我们取得理想成绩。即便我们凭借运气偶然取得了好成绩，由于自身没有真才实学，很快就会被打回原形。学习知识需要日积月累，没有经过系统的学习，依靠考前一搏，就想超越平时用功的同学，是十分不现实的。因此，我们千万不能有侥幸心理，在平时要踏踏实实地学习。

心理学小课堂

　　心理学家马克·罗森茨威格用小老鼠做过一个经典的实验。实验表明，处在"丰富环境"（设施齐全，有各种玩具）中的小老鼠"最贪玩"，处在"贫乏环境"（光线昏暗，几乎没有刺激）中的小老鼠"最老实"，而处在"丰富环境"中的小老鼠要比处在"贫乏环境"中的小老鼠大脑发育得更好。所以，多去玩耍，接收更丰富的刺激，会有利于大脑发育，让我们变得更加聪明。

　　著名教育家陈鹤琴曾经说过："小孩生来就是活泼好动的，是以游戏为生命的，游戏是幼儿的基本活动，对孩子来说，游戏就是生命，生命就是游戏。"因此，小孩子爱玩是正常的，爱玩的孩子通常更有创造力，想象力也更丰富。小朋友不必因为大人的批评而难过，只要不因玩游戏影响他人，不因沉迷于游戏而耽误学习，就可以快快乐乐地玩。

行动指南

1. 培养其他兴趣爱好

除了游戏之外，世界上还有很多有意思且更有意义的事情。我们不妨培养一些其他兴趣爱好，比如弹奏乐器、打篮球、打网球、绘画、跳舞，等等。这些兴趣爱好不仅能充实我们的生活，还可以陶冶情操、锻炼意志力。另外，和爸爸妈妈一起到户外散步、爬山，一边欣赏自然美景，一边锻炼身体，也是一种很好的选择。

2. 尝试玩一些益智类游戏

游戏不止有体力上的，还有脑力上的。体力上的游戏，比如跑跳、追逐等，能起到增强体质、提升肢体灵活性的作用。而动脑筋的益智类游戏则可以锻炼我们的思维能力，开发我们的智力。这类游戏有数独、围棋、象棋、猜谜语等。玩这些游戏既能获得乐趣，又能提升自己，何乐而不为呢？

3. 在安全的范围内玩耍

日常生活中，贪玩好动并不会直接导致爸爸、妈妈对我们的不满，因贪玩好动而闯祸，我们才会受到责罚。因此，我们一定要在安全的范围内玩耍。比如，不去触碰易碎品和危险物品，不在障碍物过多的空间打闹，不参与任何危险、刺激的游戏，等等。在安全的环境中玩耍，既是对自己负责，也不会给爸爸妈妈造成困扰，我们才能玩得尽兴。

不良心理反应

我就是爱玩,难道这也有错?

我不乖巧,是个坏孩子。

大人都不喜欢我,因为我是个淘气包。

积极心理暗示

01
爱玩没有错,有节制地玩,不耽误正事就好。

02
我也有懂事乖巧的一面,只是比其他小朋友调皮一点罢了。

03
大人没有讨厌我,只是觉得我太闹腾了,我以后不打扰他们休息。

NO.2

贪玩好动，管不住自己

小朋友说

我是个贪玩的孩子，一天到晚老想着玩，什么也不顾。我经常和小伙伴追逐、蹦跳。有一天我们玩游戏，我追打他的时候，不小心把家里的镜子打碎了。妈妈下班回来后狠狠地数落了我一顿，说我整天上蹿下跳像猴子一样。唉，活泼一些也不对吗？

心理疏导

小朋友，你不必为此过于苦恼。其实，小孩子调皮贪玩、活泼好动是正常的。儿童不同于大人，不可能像大人那样规规矩矩、严肃端庄。爱玩本身不是问题，但是，不能因为玩耍耽误了学习，也不能因为玩耍给别人带来麻烦、造成困扰。童年时期，能无忧无虑地玩耍，本身是一件很幸福的事，好好珍惜这段美好的时光吧！

心理学小课堂

　　留恋舒服的状态，不愿离开温暖的被窝，是人之常情。然而我们都知道，一日之计在于晨，早上是精力较为充沛的时间段。每天早早起床，让自己有充足的时间洗漱、晨练、吃早饭，轻轻松松到学校上课，学习才更有效率。这样，我们的生活才能进入良性循环。

　　让生活步入良性循环，要靠自律。早睡早起是自律的第一步，我们不能任由自己懒惰散漫。经验告诉我们，懒惰的人大都一事无成，勤奋自律的人才能开启美好的人生。现在我们正处在打基础的阶段，应当学会自己管理自己，养成良好的习惯。我们坚持每天早起，保证日日精力充沛，天天神清气爽，才能更有效率地学习。

行动指南

❶ 晚上早睡，备好第二天的衣物

早上睡不醒，不想起床，往往是因为夜晚没有睡够。一般来说，小学生每天要保证10小时的睡眠时间。因此，我们要杜绝熬夜打游戏，或者因太贪玩而把作业放到临睡前做的情况。睡前，把书包整理好，把第二天要穿的衣物摆放出来。这样我们第二天起床后不会太匆忙，也不会因为在醒来时想到有好多事情要做而不愿意起床了。

❷ 拉开窗帘，做做伸展运动

昏暗的光线容易使人昏昏欲睡，因此在早上醒来后，你可以立即把窗帘拉开，让清晨的阳光照射到卧室里，驱走昏睡的氛围。另外，你还可以在起床后面向窗户，做做深呼吸及伸展运动，看看外面活动的人们，感受清晨的朝气。这些都可以使你清醒。

❸ 把闹钟放在距床较远的位置

爱赖床的小朋友往往早上闹钟一响就立刻按停，倒头接着睡，这样定闹钟的意义就几乎没有了。因此，我们最好不要把闹钟放在触手可及的床头，而要将闹钟放在距离床头较远的地方。这样我们想要按停闹钟就必须爬起来走一段路，在行走的过程中，大脑清醒了，起床也变得容易了。

不良心理反应

再睡一会儿，来得及！	我改不掉赖床的坏习惯。	爱睡懒觉只是小毛病，改不了也没关系。

积极心理暗示

01
要按时上学，必须早点起床，否则每天早上都会慌慌张张的。

02
只要晚上早点睡，就一定可以改掉赖床的坏习惯。

03
早起好处多，我要尽量做到早睡早起。

NO.1

爱睡懒觉，起床难

小·朋友说

每天早上该起床的时候，我都还沉浸在梦境中，要强行从梦中醒来真是有点痛苦。爸爸妈妈说我是"起床困难户"，我承认自己确实爱睡懒觉，不愿意离开温暖舒服的被窝。睡懒觉是一种懒惰的行为吗？这种习惯要怎么改呢？

心·理疏导

儿童正处于生长发育的阶段，早睡早起有助于身体器官的正常发育、增强免疫力。有的小朋友早起很困难，其中原因很多，可能是晚上没有睡好，可能是性格比较磨蹭，也可能是不愿意上学便赖在被窝里。然而，与其晚起之后慌慌张张地去学校，不如早起从从容容地去学习。早睡早起是自律的第一步，从它开始你的自律之旅吧！

管不住自己怎么办